100 *originales y divertidas*
Tarjetas de felicitación

Instrucciones paso a paso
para realizar proyectos
modernos y sorprendentes

Kimber McGray

DRAC

Índice

Introducción 4

Caja de materiales para tarjetería 6

Técnicas 9

Consejos y trucos para hacer muy
fácil la confección de tarjetas 12

CAPÍTULO UNO
Cumpleaños 14

Tarjeta sonajero de cumpleaños 16

Tarjeta de cumpleaños con banderines . 18

Tarjeta giratoria con magdalena 20

Tarjeta desplegable de cumpleaños
con regalos y globos 22

Tarjeta de cumpleaños con horquillas
y regalo 24

Tarjeta de cumpleaños con nave espacial . 26

Tarjeta pedir un deseo 28

Porta tarjetas-regalo desplegable 32

Tarjeta desplegable con delfín 34

Porta tarjetas-regalo con magdalena . . 38

CAPÍTULO DOS
Vacaciones de invierno . . 40

Tarjeta desplegable con árbol
de Navidad 42

Tarjeta sonajero con muñeco de nieve . 44

Porta tarjetas-regalo con calcetín 46

Tarjeta desplegable con copos
de nieve 48

Tarjeta giratoria Fiesta de las luces 50

Porta tarjetas-regalo nieve de invierno . 52

Tarjeta árbol de Navidad con deslizable
con monedas 54

Tarjeta con Papá Noel 56

Tarjeta con pliegue de acordeón
y tres Reyes Magos 58

Tarjeta con árbol triangular
desplegable 60

CAPÍTULO TRES
Otras vacaciones 62

Todas las flechas apuntan hacia
una tarjeta de amor 64

Tarjeta sonajero de San Valentín
con golosinas 66

Tarjeta con pollito de Pascua 68

Tarjeta deslizable con conejito saltarín . . 70

Tarjeta con un broche en forma de flor
para el Día de la madre 74

Tarjeta con marcador de libros para
el Día de la madre 76

Tarjeta deslizable con monedas béisbol
para el Día del padre 78

Tarjeta con plegado de fantasía pesca
para el Día del padre 80

Tarjeta de Halloween con calabaza
de papel de panal 82

Tarjeta de Halloween con araña
giratoria 84

CAPÍTULO CUATRO
Celebraciones 86

Tarjeta tarta de boda y porta
tarjetas-regalo 88

Tarjeta desplegable con móvil para bebé . . 92

Porta tarjetas-regalo nuevo hogar 94

Tarjeta de felicitación con estrellas
de papel de panal 96

Tarjeta animada 25 aniversario 98

Tarjeta plegable de fantasía para
un bebé 100

Tarjeta desplegable para graduación 102

Tarjeta con plegado de acordeón
nuevo hogar 104

Tarjeta con deslizable Vespa 106

Tarjeta con desplegable 50 aniversario
realizada con la Sizzix 110

CAPÍTULO CINCO
Para cualquier ocasión . . .112

Tarjeta con molinete 114

Tarjeta sonajero con mariposa 116

Tarjeta con espiral y mariposa. 118

Tarjeta dulces trinos de pájaro 120

Tarjeta deslizable pensando en ti 122

Tarjeta con flor y abeja 126

Tarjeta sonajero con flor 128

Tarjeta con pajarera 130

Tarjeta con tres pliegues y flor 132

Tarjeta de bisagra mariquita 134

Plantillas 136

Sobre las colaboradoras 139

Índice alfabético 141

La autora 142

Otros títulos publicados 144

Introducción

Puesto que vivimos en un mundo en el que los cumpleaños se celebran con un rápido mensaje en Facebook y las tarjetas-regalo son un buen obsequio para cualquier ocasión, no hay mejor manera de destacar y de mostrar a nuestros amigos cuánto nos importan, que enviándoles tarjetas hechas a mano por nosotros mismos.

Pensé que tenía que llevar la tarjetería aún más lejos y crear formas innovadoras para incluir regalos, tarjetas-regalo y piezas animadas; por eso diseñé una variedad de tarjetas divertidas y personalizadas adecuadas para casi todas las ocasiones. En este libro se aprende cómo hacer una tarjeta básica y cómo convertirla después en una tarjeta animada con piezas que saltan, se pliegan, giran, se mueven, empujan, se deslizan y se despliegan. Para la mayoría de estas tarjetas se emplean los mismos materiales básicos y las fotografías ayudarán al que se inicia en la tarjetería a crear tarjetas que parecen complicadas, pero que en realidad son muy fáciles de hacer.

Y como no se suele tener mucho tiempo, a veces todo lo que se necesita es una tarjeta sencilla para decirle a un amigo que pensamos en él. Otras veces se deseará hacer una tarjeta más animada para entretener y dibujar una sonrisa en el rostro de un amigo. También la encontraréis aquí.

Así, podéis hacer que el niño que vive en vosotros juegue con un poco de papel y veréis cómo la imaginación os cautiva. Os sorprenderá ver las magníficas tarjetas de regalo que pueden realizarse en pocos minutos.

Caja de materiales para tarjetería

En comparación con la cantidad de herramientas que se precisan para algunos trabajos artesanales, los materiales necesarios para elaborar bonitas tarjetas son relativamente pocos. Pero dentro de esta lista básica, que incluye papel, perforadoras y adornos, las opciones son casi ilimitadas. ¡Añadiendo una buena dosis de imaginación se conseguirá realizar fantásticas tarjetas artesanales en poco tiempo!

Papeles

El papel puede aportar mucho a un diseño, tanto si tiene un dibujo insignificante como uno bello o uniforme. Para elaborar tarjetas se necesitan dos tipos de papel.

La cartulina de alto gramaje es la base del diseño de la tarjeta. Las cartulinas más pesadas soportan mejor la manipulación y el envío por correo que el papel más ligero, como el papel de diseño o el papel con dibujo. La cartulina de 130 a 168 g/m² se puede plegar bien y constituye una base resistente para los diseños. Cualquier papel más pesado resultará difícil de doblar correctamente.

Los papeles con dibujo pueden dar personalidad a una tarjeta. Hay tantos diseños y estilos diferentes que algunas veces puede resultar un poco abrumador. Solo hay que dejarse llevar por los gustos de cada uno y averiguar si encaja en el estilo de las tarjetas que se quiere crear. Así no es posible equivocarse.

Sellos y tintas

Los sellos sirven para imprimir diferentes figuras, flores y palabras en las tarjetas. Las tintas que se elijan dependerán de los colores y aspecto que se desee.

Los **sellos de caucho** son los más duraderos y suelen producir las imágenes más limpias y claras. Pueden presentarse montados en una plancha de madera o sin montar, y con una capa de gomaespuma o sin ella. La gomaespuma es un componente importante para lograr una imagen clara. Si se compran sellos de caucho sin montar, se puede adquirir gomaespuma para poner una capa entre el sello y la plancha de madera.

Los **sellos transparentes** tienen ventajas e inconvenientes. Resulta mucho más fácil percibir dónde se está colocando la imagen del sello, puesto que se puede ver a través de este, pero estos sellos no son tan duraderos como los de caucho y deben guardarse bien para que se conserven más tiempo. Se recomienda colocarlos sobre una superficie lisa, no porosa, para que se mantengan limpios. Si no están pegados a la plancha de madera, se pueden lavar con un jabón suave y agua templada y dejarlos secar al aire.

Se recomienda asimismo mantener todos los sellos lejos del calor y del sol directos, pues en otro caso podrían estropearse.

En cuanto a las tintas, existen muchas clases y una gran variedad de colores.

A continuación, se incluyen algunas de las principales.

La **tinta de teñir** seca rápidamente y es absorbida por el papel, dependiendo de la marca. Se presenta en una gran variedad de colores y la etiqueta debe leerse minuciosamente para averiguar si la tinta que se elige es impermeable al agua o no lo es.

La **tinta de pigmento** proporciona una imagen más vibrante. Debido a que se queda en la superficie del papel, seca más despacio, lo que la convierte en perfecta para el gofrado en caliente. La aplicación de calor hace que la tinta seque antes.

La **tinta de tiza** proporciona una imagen más suave y difuminada. Se utiliza sobre todo para colorear los bordes del papel, porque produce un efecto suave y homogéneo.

Adornos

La clave para adornar las tarjetas es que los elementos que se apliquen sean ligeros, pues los adornos pesados pueden doblar el papel y producir deformaciones no deseadas. Los siguientes adornos pueden añadir mucho realce visual, y a veces dimensional, sin agregar más peso a la tarjeta.

Las **cintas** y **ribetes** ofrecen inagotables opciones. Aunque existe una gran variedad en las papelerías, también conviene visitar las tiendas de telas. Con cintas de seda y de grosgrain se hacen bonitos lazos, mientras que los cordeles y arpilleras quedan muy bien en las tarjetas para hombres.

Los **botones** constituyen perfectos adornos planos que se pueden colocar en las tarjetas para darles un buen acabado. Se encuentran en mercerías, e incluso pueden recuperarse de prendas de ropa usadas.

El **cartón laminado** se presenta en todas las formas y tamaños. Es una rápida solución para los aficionados a la tarjetería que quieran dar dimensión a sus tarjetas; además resulta fácil de decorar y de conjuntar con los diseños. También se pueden encontrar formas predecoradas de cartón prensado.

Los **adornos gofrados** proporcionan una magnífica textura a los diseños de tarjetas. El gofrado en seco deja una marca en el papel y puede obtenerse de diferentes maneras; una de ellas es utilizar plantillas de estarcir de plástico o latón y una aguja, otra es emplear una de las numerosas máquinas modernas y herramientas que existen en el mercado; estas máquinas son muy fáciles de manejar y crean una gran variedad de diseños.

El **gofrado** en caliente produce una imagen uniforme en relieve. Para aplicar el gofrado en caliente a una tarjeta se necesitan estos productos: un sello a nuestra elección, tinta de pigmento o tinta de gofrado y polvo de gofrado. La pistola de pegamento caliente se usa para derretir el polvo de gofrado, formando una imagen uniforme en relieve.

Los **bolígrafos** y **rotuladores** sirven para añadir detalles y colores. Cada vez se encuentran más rotuladores con pincel en las cajas de materiales para tarjetería, porque producen bonitos colores y sombreados y estos mantienen toda su viveza a lo largo del tiempo.

Una **máquina de coser** sencilla lleva a cabo la doble tarea de asegurar las piezas y también de decorarlas con pespuntes y zigzags. Si no se dispone de ella, los pespuntes se pueden hacer a mano con **aguja** e **hilo**, o bien dibujar falsas puntadas con un bolígrafo o un rotulador.

Adhesivos

Los adhesivos se emplean para pegar y sujetar los componentes de los diseños. Conviene tener a mano diferentes tipos de adhesivos para utilizar con cualquier tipo de diseño.

Los **adhesivos secos,** como la cinta adhesiva de doble cara, son para pegar los papeles de decorar a la parte delantera de las tarjetas. Los adhesivos húmedos, incluyendo el pegamento líquido y los pegamentos en barra, también sirven para pegar los papeles decorativos a la parte delantera de las tarjetas, pero se debe utilizar muy poco producto, ya que de lo contrario el papel se puede combar.

La **gomaespuma adhesiva** da realce a los diseños. Se presenta en una variedad de grosores para proporcionar altura a los adornos.

Los **puntos adhesivos** vienen muy bien para pegar pequeños adornos, como botones, a la parte delantera de la tarjeta.

Herramientas básicas

Las **perforadoras** y **troqueles** son algunas de las herramientas más frecuentes en las cajas de materiales para tarjetería. Se recomienda una perforadora para redondear esquinas y también perforadoras de círculos y cuadrados de diferentes tamaños. Las **perforadoras para bordes** crean un borde con formas, como festones, que dan un bonito toque a los diseños de tarjetas.

Las **tijeras** son el pilar principal de cualquier aficionado a la tarjetería. Conviene disponer de una variedad de ellas para realizar detalles. Se recomienda un par de tijeras pequeñas para cortar superficies de papel de poco tamaño y otro par para cortar cintas y ribetes. Las tijeras para cintas no deben utilizarse para otra cosa; el papel, por ejemplo, podría deteriorar las cuchillas y después las tijeras ya no cortarían bien las cintas.

Es necesario una **cizalla para papel básica** que pueda cortar trozos de papel de 30,5 x 30,5 cm o de 21,6 x 28 cm. Si no se compra cartulina precortada para tarjetas, habrá que cortar el papel al tamaño adecuado. Las cizallas para papel realizan los cortes de manera más rápida e igual que si se hiciera a mano.

Conviene disponer de un **cúter** en la caja de materiales. Se recomienda tener a mano cuchillas de repuesto, porque con cuchillas nuevas el cúter corta mejor.

Con un **marcador de doblez** se forma una marca en el papel para hacer un doblez limpio y bien definido. Muchas cizallas para papel vienen con cuchillas para marcar que se pueden utilizar con la máquina. También se puede emplear una **plegadera** y una **regla** para hacer una marca en los papeles. Antes de doblar por la mitad un trozo de cartulina para obtener una base para tarjeta, se usa el marcador de doblez para hacer la marca y obtener una línea de doblez nítida; de este modo se evita que algunas cartulinas se resquebrajen al doblarlas. Existen diferentes procesos para realizar el doblez, pero en la página 9 se muestra mi preferido, utilizando una tabla para marcar Scor-Pal.

Técnicas

Al igual que ocurre con otras manualidades, existen técnicas fundamentales que es necesario conocer y que se muestran en las páginas siguientes. En cuanto se dominen estas técnicas será posible realizar cualquier diseño de una manera más dinámica.

Hacer una base de tarjeta

Realizar una base de tarjeta de 14 x 21,6 cm (esta tarjeta se dobla) a partir de un trozo de cartulina, es tan fácil como decir: un, dos, tres. Y también útil, ¡porque vamos a necesitar conocer esta técnica para casi todas las tarjetas que hagamos!

Materiales

- Cartulina
- Cizalla para papel
- Marcador de doblez
- Plegadera

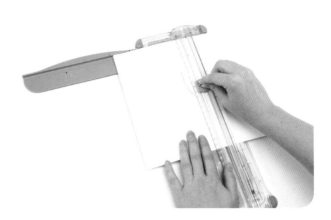

1 Cortar por la mitad un trozo de cartulina de 21,6 x 28 cm para obtener otra de 14 x 21,6 cm. Si el trozo de cartulina mide 30,5 x 30,5 cm, primero habrá que cortar un trozo de 21,6 x 28 cm y después cortar este por la mitad para obtener un trozo de 14 x 21,6 cm.

2 Colocar el trozo de cartulina de 14 x 21,6 cm encima de un marcador de doblez y situar las esquinas de la cartulina junto a los lados del marcador. Con el extremo puntiagudo de la plegadera, hacer una marca para el doblez a lo largo de la cartulina en la señal que indica 10,8 cm.

3 Retirar la cartulina del marcador de doblez y doblarla por la marca. Con la parte lateral de la plegadera, presionar sobre el doblez de la cartulina.

Deslizables con monedas

Los deslizables con monedas son una buena manera de dar un toque original a las tarjetas y resultán más fáciles de hacer de lo que imaginamos. En este libro se muestran tres técnicas alternativas, pudiéndose elegir la que nos parezca más fácil.

Al hacer la ranura para la moneda deslizable, lo más importante es asegurarse de que es lo bastante ancha como para que la pieza de gomaespuma adhesiva que se pone entre las monedas pueda deslizarse sin esfuerzo, pero no tanto como para que la moneda pueda salirse de la ranura.

Deslizable con perforadora de papel

Es fácil hacer deslizables de monedas con perforadoras de papel especiales para ese fin. Para elaborar la Tarjeta deslizable con monedas árbol de Navidad (página 54), Lily Jackson utiliza una perforadora para hacer tres deslizables de tamaños diferentes, y el proceso es muy sencillo.

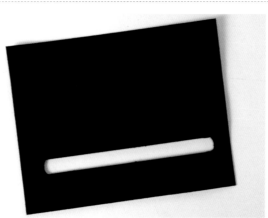

Programas para máquina de troquelar

Con esta técnica se pueden conseguir ranuras perfectas en cualquier diseño. Para hacer la Tarjeta de Halloween con araña giratoria (página 84), la diseñadora Nichol Magouirk emplea programas informáticos para realizar ranuras personalizadas con el cúter Silhouette. Esta ranura fue programada con una longitud y una anchura determinadas.

Dibujo a mano

Esta técnica para realizar deslizables no requiere ninguna herramienta ni aparato especial, solo una mano firme. Se utiliza con muy buen resultado en la Tarjeta deslizable con monedas béisbol para el Día del padre (página 78) y, al igual que las demás técnicas, ¡es facilísima! Si no se tiene seguridad para dibujar a mano la ranura para el deslizable en la parte delantera de la tarjeta, primero se puede hacer una plantilla y después trasladarla a la tarjeta.

Desplegables

Saber realizar desplegables es algo que nos resultará muy útil a la hora de hacer tarjetas y, al igual que muchas de las sorpresas que contiene este libro, una vez que se empieza, ya no se puede parar.

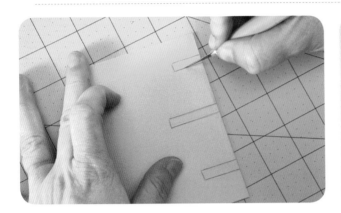

1 Marcar dos líneas de la misma longitud, paralelas, comenzando por el borde doblado de la tarjeta. Cortar sobre las dos líneas paralelas.

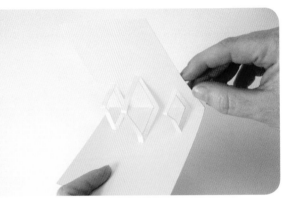

2 Marcar un doblez en el espacio entre las líneas cortadas. Plegar las líneas marcadas, empujando la pieza cortada o lengüeta hacia el interior de la tarjeta.

3 Forrar la parte exterior de la tarjeta con papel para tapar los cortes y servir de base.

Un buen ejemplo de este procedimiento es la Tarjeta desplegable con copos de nieve de la página 48. En este caso, los mecanismos de desplegado son soportes en segundo plano para adornos que después se pegarán encima.

La Tarjeta desplegable con móvil para bebé de la página 92 también se ha realizado con el mismo procedimiento, pero en este caso el mecanismo de desplegado está reforzado para lograr una mayor resistencia y se convierte en una parte visible de la tarjeta.

Otra tarjeta en la cual los mecanismos son elementos decorativos es la Tarjeta desplegable de cumpleaños con regalos y globos de la página 22. En este caso, el "regalo" está cortado al ras en un borde de la tarjeta y la proporción es mucho más grande que en otras. Después se decora la tarjeta y se pegan a la misma trozos de cartulina plegada, para crear la escena final.

Y no existe ninguna regla que diga que los mecanismos de plegado tienen que ser cuadrados o rectangulares. La Tarjeta desplegable con árbol de Navidad de la página 42 es una original variación que se confecciona siguiendo los mismos pasos de dibujo, corte, marcado de doblez y plegado que se usan en otras tarjetas.

Consejos y trucos para hacer muy fácil la confección de tarjetas

Existen muchos trucos para utilizar materiales y herramientas que quizá nunca hemos imaginado y que harán muy fácil la realización de tarjetas. A continuación, se exponen algunos de mis favoritos, en los que siempre confío al hacerlas.

Cortar círculos

Un cortador de círculos es una herramienta muy práctica para hacer discos de diferentes tamaños en nuestros proyectos, sin tener que comprar un montón de perforadoras de tamaños distintos. Para cortar un disco en una hoja grande de papel solo hay que colocar los dedos encima del círculo y presionar bien, mientras se gira la cuchilla alrededor con un movimiento circular. La presión de los dedos encima del círculo evita que el papel se desplace mientras se corta.

Perforar papel

El mejor truco para utilizar cualquier tipo de perforadora es darle la vuelta para que mire hacia abajo cuando se está perforando el papel. Haciendo esto se podrá ver dónde y qué se va a perforar, como una imagen o una palabra determinada en un trozo de papel o incluso solo en un trocito para hacer una muesca. Parece muy sencillo, pero es importante saber lo que se quiere hacer con la perforadora.

Trabajar con puntos adhesivos

Los puntos adhesivos unen al instante dos superficies resbaladizas y el papel sin tener que esperar el tiempo que requieren los pegamentos tradicionales. Son perfectos para piezas pequeñas, como piedras brillantes, piezas perforadas y botones. Aquí se muestra una manera rápida y fácil de poner hilo para bordar en un botón. Utilizar este truco para adornar la Tarjeta de la página 66.

1 Pasar el hilo a través del botón y después colocar la parte posterior de este último encima de un punto adhesivo.

2 Esconder los extremos del hilo dentro del punto adhesivo y luego pegar el botón directamente sobre el proyecto.

Colocar piezas pequeñas

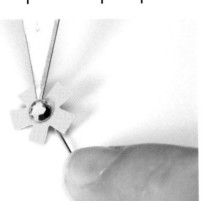

A veces puede resultar difícil manipular los adornos pequeños. En esos casos, utilizar la punta de las tijeras o del cúter para situar estas piezas diminutas, luego basta con tocar la punta de la hoja con el adhesivo por la parte de atrás de la pieza, colocarla en el lugar adecuado, apretar despacio con la punta de los dedos y retirar la cuchilla.

Trucos para utilizar el cúter

El cúter debe ser una de las herramientas fundamentales de la caja de materiales y con estos magníficos trucos se le podrá sacar el mayor partido posible.

1. Asegurarse de cambiar la hoja con frecuencia. Un cúter no debe necesitar mucha fuerza para cortar papel. Si hay que presionar mucho, es que ha llegado el momento de sustituir la cuchilla. Una cuchilla afilada supone una gran diferencia.

2. Para obtener los mejores resultados al cortar con un cúter, debe hacerse encima de una esterilla especial o una esterilla para cortar cristal. Estas esterillas protegen la superficie de trabajo y favorecen un corte más limpio, pues están especialmente diseñadas para cortar con cúter.

3. Al cortar una curva con un cúter se debe mover el papel y no la cuchilla. Al comenzar la curva es conveniente cortar arrastrando la cuchilla, pero una vez llegados a un punto en el cual la mano está casi boca abajo, habrá que deslizar el papel, manteniendo quieta y firme la mano que sujeta el cúter. Así se consigue una línea más regular.

Cumpleaños

Los cumpleaños son días divertidos, llenos de tarta, helado ¡y tarjetas! Cuando llegan los cumpleaños, a todos nos gusta ir al buzón para ver si tenemos alguna tarjeta que nos traiga felicitaciones desde la distancia.

En este capítulo se muestran tarjetas para todas las edades, que harán las delicias de los jóvenes y de los que tienen espíritu joven. Hay bonitas tarjetas básicas,

tarjetas que son juegos divertidos y otras que incorporan un pequeño regalo o una tarjeta-regalo. Algunas felicitan con banderines festivos o alegres globos; a veces, algo tan sencillo como un cordón elástico servirá para hacer que una dulce sorpresa gire y se retuerza. También mostramos cómo hacer una tarjeta que puede conceder un deseo cuando el niño o la niña del cumpleaños sople una llama

de papel. Tenemos delfines con sombreros saltando en el aire y cohetes que despegan con un simple tirón de una lengüeta. Por último, se incluyen técnicas para incorporar tarjetas-regalo, como esconderlas dentro de enormes magdalenas espolvoreadas con trocitos de piedras brillantes.

La alegría de nuestros seres queridos cuando reciban una de estas tarjetas será inimaginable.

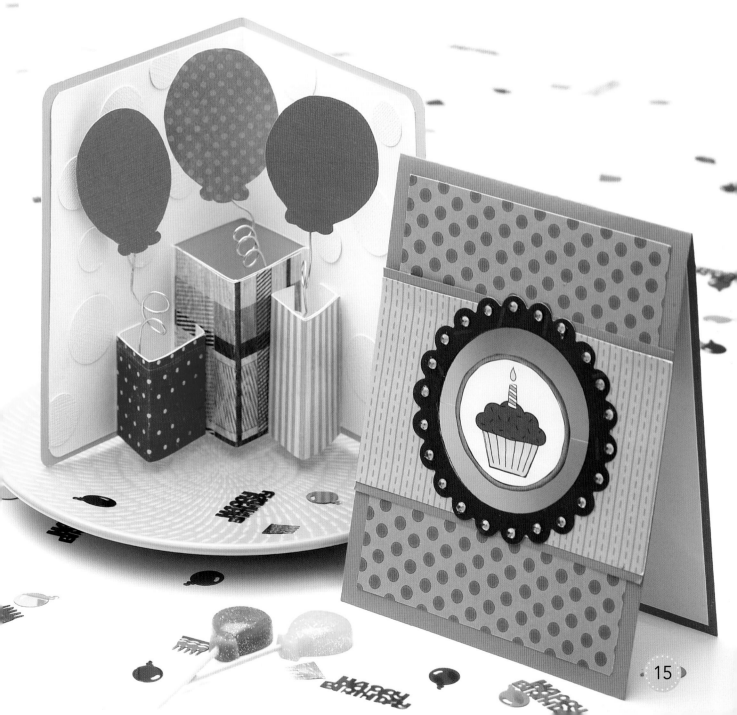

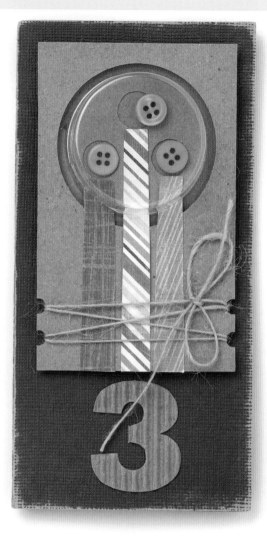

Tarjeta sonajero de cumpleaños

Diseñada por Sarah Hodgkinson

¡Dejemos que esta tarjeta alegre un día tan especial! Incluso puede ser aún más original si la tarjeta básica se transforma en un juego. (Y debemos personalizar la tarjeta dependiendo de la edad de la persona a la que va destinada).

Materiales

- Cartulina Kraft
- Cartulina
- Papel con dibujo
- Papel de lija
- Cizalla para papel
- Perforadora de papel
- Perforadora de círculos
- Base transparente
- Pegamento
- Botones y cordel
- Hilo de bordar
- Número troquelado
- Lápiz y cúter
- Pegatinas
- Tapa de plástico

Instrucciones básicas

1. Hacer la base de tarjeta de 7,6 x 15,2 cm doblando por la mitad un cuadrado de cartulina marrón de 15,2 x 15,2 cm. Lijar los bordes.

2. Cortar un trozo de cartulina Kraft de 6,4 x 10,2 cm.

3. Con una perforadora de círculos, cortar semicírculos en cada lado, a 6 y 12 mm de distancia del borde inferior.

4. Cortar tres tiras de papel con dibujo de 12 mm x 7,6 cm aproximadamente, con una ligera variación en el tamaño. Pegarlas sobre la cartulina Kraft.

5. Pegar los botones en la parte de arriba de las tiras de papel con dibujo, imitando velas.

6. Rodear con un trozo de cordel de 38 cm la parte inferior de la cartulina Kraft, pasándolo por las muescas que se hicieron en el paso 3. Atar el cordel con un lazo en la parte delantera de la cartulina. Pegar la cartulina a la base de la tarjeta.

7. Pegar el número troquelado a la base de la tarjeta, en la parte inferior de la cartulina.

Instrucciones detalladas

Para comenzar:

Seguir los pasos 1-3 de las Instrucciones básicas. Cortar dos trozos más de cartulina Kraft (en total se trabaja con tres) de 5 x 5 cm cada uno. Cortar las tres tiras de papel con dibujo, pero no pegarlas.

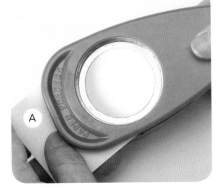

1 Perforar un círculo de 4,5 cm Ø en uno de los trozos de cartulina Kraft, a unos 6 mm del borde superior. Esta será la capa A de la cartulina.

2 Cortar una ranura en la tapa de plástico con un cúter. La ranura debe ser lo bastante amplia para que después quepan las velas de papel con dibujo.

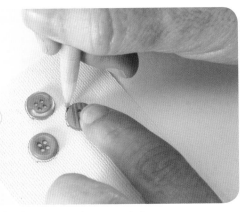
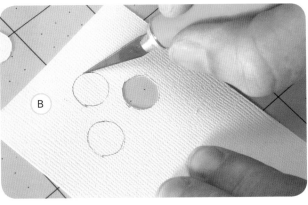

3 Colocar los botones sobre uno de los trozos pequeños de cartulina Kraft y trazar un círculo alrededor con un lápiz. Esta será la capa B de la cartulina.

4 Recortar con un cúter los agujeros para los botones.

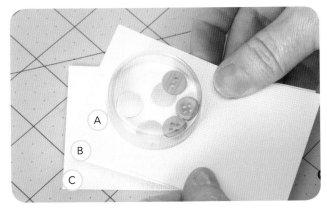

5 Montar la tapa situando los botones dentro. Colocar la tapa a través del círculo perforado en la capa A, poniendo la ranura en la posición de las seis. Pegar la capa B detrás de la capa A. Después, pegar el trozo sobrante de cartulina Kraft (capa C) detrás de la capa B.

Por último:

Pegar la mitad inferior de las velas de papel con dibujo en la capa A de la cartulina Kraft. Insertar con cuidado las partes superiores de las velas dentro de la tapa a través de la ranura. Seguir los pasos 6-7 de las Instrucciones básicas para terminar la tarjeta.

Tarjeta de cumpleaños con banderines

Diseñada por Kimber McGray

Los cumpleaños son días de banderines. Lo celebramos colgando banderines en una alegre tarjeta llena de color y fantasía.

Materiales

- Cartulina
- Papel con dibujo
- Cizalla para papel
- Perforadora en forma de triángulo
- Rotulador de gel blanco
- Hilo y máquina de coser
- Pegamento
- Botones
- Pegatinas
- Punzón para papel o chincheta
- Tachuelas decorativas

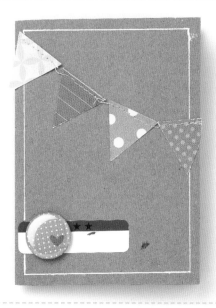

Instrucciones básicas

1. Comenzar con una base de tarjeta de 21,6 x 14 cm de cartulina (esta tarjeta se dobla).

2. Dibujar una línea alrededor de la tarjeta, a 6 mm del borde, con un rotulador de gel blanco.

3. Perforar triángulos en el papel con dibujo. Unir los triángulos, cosiéndolos a máquina para formar una hilera de banderines. Pegar la hilera de banderines a la tarjeta.

4. Adornar la tarjeta con botones y pegatinas.

Instrucciones detalladas

Para comenzar:

Seguir los pasos 1-4 de las Instrucciones básicas para realizar la parte delantera de la tarjeta.

1 Perforar triángulos en los papeles con dibujo; es suficiente con once o doce.

2 Unir los triángulos cosiéndolos a máquina para formar dos hileras de banderines. Dejar un trozo de hilo en los extremos. No cortarlo.

3 Cortar un trozo de cartulina de 20,3 x 12,7 cm para utilizar como parte interior de la tarjeta. Hacer agujeros en la cartulina para introducir las tachuelas.

4 Introducir las tachuelas y aplastar las patas de las mismas por detrás de la cartulina.

5 Pegar la cartulina en la parte interior de la base de la tarjeta.

6 Enrollar los extremos del hilo con el que se han cosido los banderines alrededor de las tachuelas para fijarlos.

Tarjeta giratoria con magdalena

Diseñada por Rae Barthel

¡Qué bonita sorpresa recibir una tarjeta como esta, con detalles tan exquisitos!

Materiales

- Cartulina
- Papel rosa
- Papel con dibujo
- Cizalla para papel
- Perforadora de bordes
- Máquina de troquelar
- Pegamento
- Tijeras
- Cortador de círculos
- Almohadillas de tinta
- Piedras brillantes
- Cordón elástico
- Cinta adhesiva

Instrucciones básicas

1. Hacer una base de tarjeta de 30,5 x 11,4 cm de cartulina rosa (esta tarjeta se abre en vertical).
2. Cortar un trozo de papel de lunares de 10,2 x 14 cm y pegarlo en el centro de la base de la tarjeta.
3. Cortar un trozo de papel de rayas de 11,4 x 7 cm y pegarlo a un trozo de cartulina rosa de 11,4 x 7,6 cm. Pegar la pieza a la tarjeta.
4. Cortar un círculo (de unos 4,5 cm Ø) del papel rosa y pegar el papel con el motivo de magdalena en el círculo. Entintar los bordes del círculo.
5. Cortar un círculo de cartulina rosa (unos 6 mm más grande que el disco de papel rosa) y recortar un círculo de cartulina marrón con los bordes festoneados (1 cm más grande que el anterior).
6. Pegar los tres círculos y después pegar la pieza a la tarjeta.
7. Pegar piedras brillantes en el círculo con el borde festoneado.

(Ver la tarjeta básica de la página 21.)

Instrucciones detalladas

Para comenzar:

Seguir los pasos 1-5 de las Instrucciones básicas. Para realizar esta versión de la tarjeta, se necesitan dos círculos del tamaño que se indica en el paso 4.

1 Cortar un círculo en el centro de la parte delantera de la base de la tarjeta. Debe ser 2 cm más grande que el círculo del papel rosa.

2 Pegar con cinta adhesiva un cordón elástico (de 10,5 cm) a la parte posterior del círculo cortado en el paso 4 de las Instrucciones básicas.

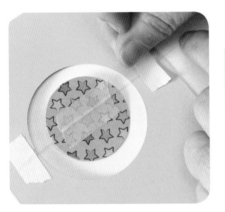

3 Pegar con cinta adhesiva el cordón elástico a la parte interior de la tarjeta.

4 Tapar la cinta adhesiva con trozos de cartulina. Pegar el segundo círculo al primero para tapar la cinta adhesiva.

Por último:

Pegar el círculo con el borde festoneado a la base de la tarjeta, alrededor de los bordes del círculo recortado, y pegar las piedras brillantes en el círculo festoneado. Forrar el interior de la tarjeta con una cartulina de un color que contraste o con papel con dibujo.

Consejo

Si los círculos de papel con dibujo tienen un motivo dominante (como la magdalena de la tarjeta del proyecto), asegurarse de pegarlos juntos para que el motivo quede bien alineado al girar por medio del elástico. No quedaría bien que la magdalena se colocase boca abajo al girar.

Tarjeta desplegable de cumpleaños con regalos y globos

Diseñada por Kimber McGray

Nada mejor que los globos para desear un feliz cumpleaños. Esta tarjeta hará las delicias de todos cuando los globos parezcan salir flotando de los paquetes de regalos.

Materiales

- Cartulina
- Papel con dibujo
- Cizalla para papel
- Perforadora para redondear esquinas
- Perforadora de bordes

- Pegamento
- Lápiz y cúter
- Rotulador negro
- Alambre
- Cinta adhesiva
- Gomaespuma adhesiva
- Plegadera

Instrucciones básicas

1. Hacer una base de tarjeta de 20,5 x 14 cm de cartulina amarilla (esta tarjeta se dobla) y redondear las esquinas de la parte derecha.

2. Cortar un trozo de papel con dibujo de 11,4 x 9 cm y redondear las esquinas de la parte derecha. Pegar una tira de cartulina blanca festoneada de 11,4 x 1,3 cm a la parte de atrás del papel con dibujo y pegar este en la parte delantera de la tarjeta.

3. Con la plantilla de la página 138, recortar un globo en el papel verde con dibujo. Trazar el perfil del globo con un rotulador negro.

4. Formar el cordón del globo dando vueltas alrededor de un lápiz a un trozo de alambre de unos 15,5 cm. Aplanar el alambre y fijarlo a la parte de atrás del globo con cinta adhesiva. Pegar el globo a la parte delantera de la tarjeta con gomaespuma adhesiva.

Instrucciones detalladas

Para comenzar:

Hacer la parte delantera de la tarjeta de acuerdo con las Instrucciones básicas.

1 Cortar una pieza de cartulina blanca de 20,3 x 12,7 cm (para la parte interior). Marcar una línea en la parte exterior a 6,4 cm de distancia del borde inferior y a 3,8 cm de la parte derecha del pliegue. Cortar encima de la línea de 3,8 cm.

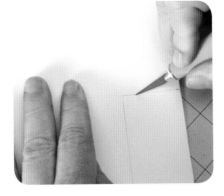

2 Hacer una marca para doblez sobre la línea que mide 6,4 cm.

3 Doblar a lo largo de la línea de doblez para formar una especie de caja desplegable dentro del revestimiento plegado.

4 Cortar un trozo de papel con dibujo de 6,4 x 7,6 cm y pegarlo a la caja desplegable en la parte interior de la tarjeta. Formar dos cajas más cortando un trozo de cartulina blanca de 5 x 7,6 cm y marcar una línea de doblez a 1,3 cm, 3,8 cm y 6,4 cm, y otro trozo de cartulina blanca de 4,8 x 7,6 cm y marcar otra línea de doblez a 1,25 cm, 4 cm y 6 cm.

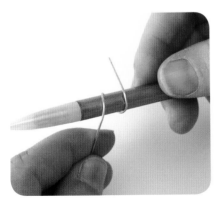

5 Enroscar el alambre para los globos dándole vueltas alrededor de un lápiz. Retirar el alambre del lápiz y aplastarlo sobre una superficie plana.

6 Recortar los globos, pegarlos al alambre y fijar el extremo a la parte de atrás de las cajas con cinta adhesiva.

7 Forrar las cajas más pequeñas con papel con dibujo y pegar las solapas al revestimiento y al centro de la caja. Pegar el revestimiento al cuerpo de la tarjeta.

Tarjeta de cumpleaños con horquillas y regalo

Diseñada por Summer Fullerton

Estas flores tan bonitas quedan muy bien como adornos, pero ¿las horquillas? Cualquier niña pequeña (¡y también alguna mayor!) se enamorará de estas preciosas tarjetas.

Materiales

- Cartulina
- Papel con dibujo
- Cizalla para papel
- Perforadora para redondear esquinas
- Tijeras
- Cinta
- Pegamento
- Cortador de círculos
- Botones
- Fieltro de distintos colores
- Hilo de algodón trenzado
- Hilo y máquina de coser
- Pistola de pegamento caliente
- Horquillas

Instrucciones básicas

1. Hacer con cartulina una base de tarjeta, de 10,2 x 14 cm.
2. Para las nubes, cortar un trozo de papel con dibujo de 10,2 x 10,2 cm y pegarlo en la parte de arriba de la tarjeta.
3. Cortar dos trozos de cinta verde de 10,2 cm cada uno. Pegar un trozo de cinta a 7 cm de distancia del borde inferior de la tarjeta.
4. Cortar un trozo de papel de cuadritos verdes de 10,2 x 7,6 cm y pegar el segundo trozo de cinta en la parte de arriba del mismo. Dar tres vueltas con el hilo de algodón trenzado alrededor de la cinta y formar con esta un lazo en la parte delantera de la tarjeta.

5. Pegar el papel de cuadritos verdes en la parte inferior de la tarjeta.
6. Para hacer las flores, cortar dos series de círculos de tres tamaños diferentes en tres tonos de fieltro azul y colocarlos unos sobre otros. Cortar hojas con fieltro verde. Coser un botón pequeño en el centro de los círculos y coser las hojas a la parte de atrás de las flores. (Ver el paso 2 de las Instrucciones detalladas).
7. Pegar con pegamento las flores de fieltro en la parte delantera de la tarjeta.

Instrucciones detalladas

Para comenzar:

Seguir los pasos 1-3 de las Instrucciones básicas. Fijar el primer trozo de cinta únicamente a los bordes izquierdo y derecho de la tarjeta. Después, seguir el paso 4.

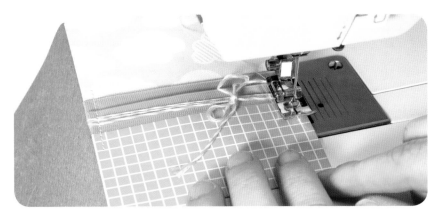

1 Colocar el papel de cuadritos verdes sobre la base de la tarjeta y pegar solo los bordes laterales y el inferior para formar un bolsillo. Coser a máquina todas las capas, por los lados, para fijar el bolsillo.

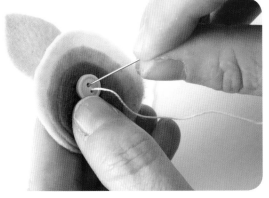

2 Para realizar la flor de fieltro, cortar círculos de diferentes tamaños; cortar la hoja también de fieltro. Coser juntos los círculos y la hoja con un botón.

3 Pegar la flor de fieltro a una horquilla utilizando pegamento caliente.

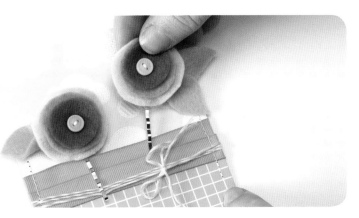

Por último:

Redondear las esquinas de la tarjeta con una perforadora para redondear esquinas.

4 Introducir las horquillas de las flores de fieltro dentro del bolsillo delantero de la tarjeta.

Tarjeta de cumpleaños con nave espacial

Diseñada por Kimber McGray

5, 4, 3, 2, 1… ¡Despegar a la diversión del cumpleaños con una tarjeta que parece partir a otros mundos!

Materiales

- Cartulina
- Cartón prensado
- Cizalla para papel
- Sellos de caucho
- Almohadillas de tinta
- Rotuladores
- Lápiz y cúter
- Gomaespuma adhesiva
- Bolígrafo negro
- Pegamento
- Plegadera

Instrucciones básicas

1. Hacer una base de tarjeta de 10,2 x 12,7 cm de cartulina azul claro.
2. Estampar el motivo de un cohete espacial sobre cartulina blanca, colorearlo con rotuladores y recortarlo. Hacer lo mismo con las llamas y pegarlo todo.
3. Dibujar espirales en el cartón prensado con un bolígrafo negro.
4. Colorear las espirales con la almohadilla de tinta blanca. Pegarlas a la tarjeta. **(Ver la tarjeta básica de la página 14.)**

Instrucciones detalladas

1 Cortar un trozo de cartulina de 12,7 x 29,2 cm. A partir del borde izquierdo, hacer unas marcas para doblez a 9,5 cm, 19 cm y 28,6 cm.

2 Girar la base de la tarjeta 90° y hacer una marca para doblez a una distancia de 6 mm a lo largo de los lados más largos.

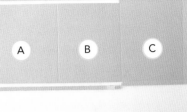

3 Doblar por las tres líneas de doblez más cortas y recortar a lo largo de las líneas marcadas a 6 mm en las piezas A y B.

4 Con un cúter, cortar una muesca en las esquinas de la pieza C.

5 Cortar una plantilla de 2 x 9 cm de cartulina. Colocarla sobre la pieza C a 3,8 cm de distancia del borde inferior. Trazar una línea alrededor de la plantilla y después recortar.

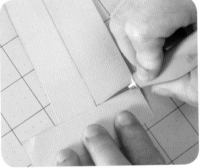

6 Hacer una lengüeta para el deslizable con un trozo de cartulina de 12 x 7,6 cm. En esta pieza, recortar una T. Cada pata de la T debe medir 2,5 cm.

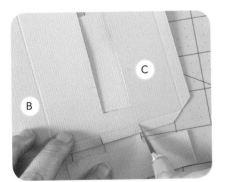

7 Hacer una muesca de 3,2 cm en la zona marcada de 6 mm en la parte inferior de la pieza C. La lengüeta se deslizará por esta muesca una vez finalizada la tarjeta.

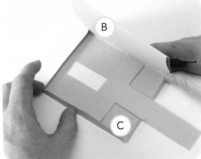

8 Doblar las partes de 6 mm hacia el interior de la tarjeta, tal como se indica, y pegar la pieza C a la pieza B, colocando el deslizable como se muestra.

9 Realizar la nave espacial como se indica en el paso 2 de las Instrucciones básicas. Pegar las espirales de cartón a la parte posterior de la figura y pegar esta a la pieza deslizable con gomaespuma adhesiva. Pegar las llamas a la cartulina por detrás de la pieza deslizable.

Tarjeta pedir un deseo

Diseñada por Kelly Goree

¡Pedir un deseo y soplar las velas! Con un simple tirón, la llama de esta tarjeta de fantasía desaparece. Jóvenes de edad y jóvenes de espíritu, ¿no os encanta esta tarjeta?

Materiales

- Cartulina
- Papel con dibujo
- Cizalla para papel
- Perforadora para redondear esquinas
- Perforadora de bordes
- Perforadora de círculos
- Pegamento
- Rotulador marrón
- Rotulador de gel blanco (optativo)
- Gomaespuma adhesiva
- Lápiz y cúter
- Pegatinas
- Pinturas de purpurina con adhesivo líquido

Instrucciones básicas

1. Realizar una base de tarjeta de 12,7 x 17,8 cm.de cartulina roja.

2. Pegar un trozo de 11,4 x 16,5 cm de papel con estampado de flores centrado en la parte delantera de la tarjeta. Con un rotulador marrón dibujar falsas puntadas alrededor de los bordes del papel de flores.

3. Cortar un trozo de papel verde con dibujo de 9 x 12,7 cm y redondear las esquinas superiores (ver la plantilla de la página 137).

4. Hacer festones en el borde de un trozo de papel rosa con dibujo de 17,8 x 2,5 cm y cortarlo por la mitad. Colocar las tiras en capas y pegarlas en la parte inferior del papel verde con dibujo.

5. Pegar una tira de papel de rayas de 9 x 1,3 cm encima de las tiras festoneadas. Con un rotulador marrón dibujar una línea con falsas puntadas a lo largo del borde superior.

6. Pegar con gomaespuma adhesiva la pieza de papel verde con dibujo en la parte delantera de la tarjeta.

7. Con la plantilla de la página 137, recortar la parte inferior de la magdalena en papel de dibujo marrón. Si se desea, dibujar líneas de trazos con un rotulador de gel blanco. Pegar la pieza en la parte delantera de la tarjeta.

8. Recortar una tira de papel de rayas de 1,3 x 5 cm y pegarla en la tarjeta para hacer la vela.

9. Con la plantilla, recortar la parte de arriba de la magdalena del papel rosa con dibujo. Pegarla a la tarjeta.

10. Con la plantilla, recortar la espiral de papel rosa de lunares y pegarla en la parte delantera de la tarjeta con gomaespuma adhesiva. Aplicar un poco de purpurina con adhesivo sobre cada uno de los lunares.

11. Recortar dos llamas del papel amarillo con dibujo, una un poco más grande que la otra. Pegar la llama más grande a la tarjeta, justo encima de la vela, y después pegar la llama más pequeña encima de la grande con gomaespuma adhesiva.

Instrucciones detalladas

Para comenzar:
Seguir los pasos 1-5 de las Instrucciones básicas.

1 Con un cúter, cortar dos ranuras horizontales, de algo más de 2,5 cm, en el centro del papel verde con dibujo (ver la plantilla de la página 137), a unos 3,8 cm del borde superior y a 2,5 cm del borde inferior. En la fotografía, estoy realizando el corte en la parte posterior del papel con dibujo.

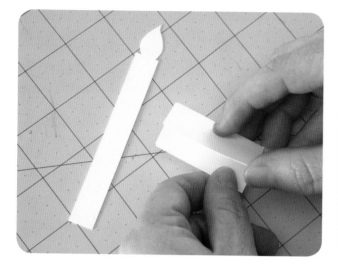

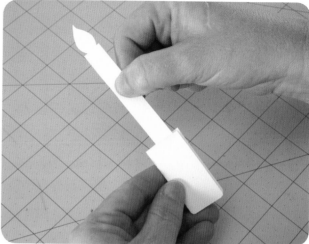

2 Hacer una vela con cartulina blanca y cubrirla con papel con dibujo (utilizar la plantilla de la página 137). Recortar un trozo de cartulina blanca de 5 x 5 cm. Doblar la cartulina por la mitad de modo que quede un trozo de 2,5 x 5 cm. Esta será la lengüeta para tirar.

3 Pegar la lengüeta en la parte inferior de la vela, situándola 1,3 cm más arriba del borde, y redondear las esquinas de la parte inferior de la misma. La longitud total de la vela con la lengüeta pegada debe ser de 12 cm.

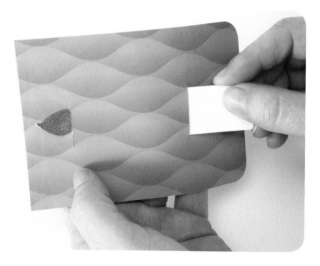

4 Hacer la magdalena utilizando la plantilla de la página 137. Recortar la llama de la vela larga y cubrir el resto de la vela con papel con dibujo para hacer la vela "sin llama". Pegarla en la parte de atrás de la magdalena y no en la parte de atrás de la vela "encendida".

5 Introducir la vela a través de las ranuras de la pieza de papel con dibujo de 9 x 12,7 cm, tal como se muestra. Pegar esta pieza a la tarjeta.

Por último:
Terminar de decorar la tarjeta utilizando la plantilla para recortar la espiral de la magdalena y el forro de esta última con papel conjuntado de dibujo. Finalmente, pegar las dos piezas a la tarjeta con gomaespuma adhesiva.

6 Pegar la parte animada de la vela, alineando la vela sin llama con la vela encendida. Hacer una muesca en la parte inferior de la magdalena con una perforadora de círculos de 2,5 cm. Pegar la magdalena con la muesca encima de la parte animada de la vela, alineando las llamas.

Porta tarjetas-regalo despegable

Diseñada por Kimber McGray

¡Será estupendo encontrar una tarjeta-regalo dentro de esta preciosa felicitación! Tirando un poco de los bordes, saldrá una tarjeta-regalo que sorprenderá a todos.

Materiales

- Cartulina
- Papel con dibujo
- Cizalla para papel
- Perforadora de bordes
- Perforadora de muescas
- Perforadora de esquinas
- Cortador de círculos
- Pegamento
- Almohadillas de tinta
- Figura cortada de papel corrugado
- Botón
- Gomaespuma adhesiva
- Cúter
- Plegadera

Instrucciones básicas

1. Cortar una base de tarjeta de 21,6 x 14 cm de cartulina blanca (esta tarjeta se dobla).

2. Cortar cinco tiras de papeles con dibujos conjuntados de 2,5 x 10,8 cm. Pegar las tiras encima de la base de la tarjeta.

3. Pegar una tira de cartulina amarilla con el borde festoneado, de 10,2 x 1,3 cm, debajo de un trozo de papel con dibujo de 10,2 x 1,3 cm, solapando ligeramente los dos, y pegarlos a la tarjeta.

4. Cortar una anilla de 4,5 cm Ø de cartulina marrón y pegarla en la parte delantera de la tarjeta.

5. Con una almohadilla de tinta blanca entintar la parte de arriba de una estrella de cartón corrugado. Colocar un botón pequeño encima y pegar la estrella en la parte delantera de la tarjeta con un cuadrado de gomaespuma adhesiva.

6. Para terminar, perforar las esquinas de la tarjeta con una perforadora de muescas como las que se usan para los tiques. **(Ver la tarjeta básica de la página 33.)**

Instrucciones detalladas

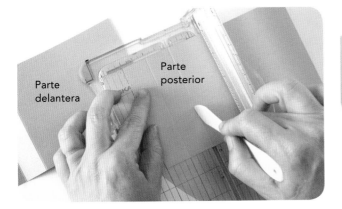

1 Cortar dos trozos de cartulina de 10,8 x 17,8 cm. A partir del borde izquierdo de la cartulina, marcar una línea de doblez a 2,5 cm y 5 cm en cada trozo.

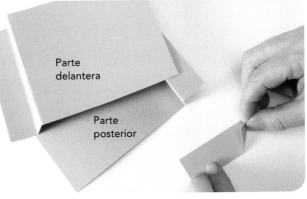

2 Realizar la pieza desplegable cortando una tira de cartulina de 2,5 x 7,6 cm y hacer un triángulo de 2,5 cm en uno de los extremos, formando una solapa.

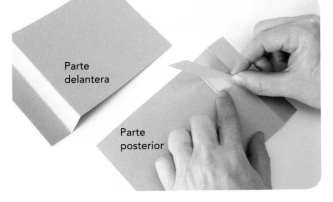

3 Pegar la solapa al segundo pliegue en la parte posterior de la cartulina, a 1,3 cm del borde superior.

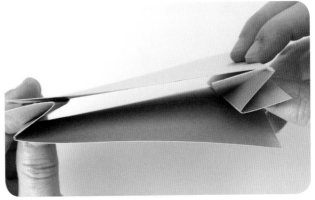

4 Unir con pegamento todos los trozos de cartulina, tal como se muestra.

5 Con adhesivo que se pueda quitar, pegar una tarjeta-regalo a la pieza desplegable.

Por último:

Decorar la parte delantera (y los lados) de la tarjeta de acuerdo con las Instrucciones básicas. En la tarjeta desplegable de este proyecto se utilizan ocho tiras de papel con dibujo (siete en la parte delantera y una en el lado derecho, detrás de la banda marrón).

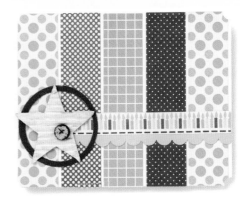

Tarjeta desplegable con delfín

Diseñada por Nichol Magouirk

¿A quién no le gustan los delfines? Se puede colocar un ojo móvil y poner un sombrero ¡y será el éxito de la fiesta! También se puede hacer una versión animada de este mismo diseño. ¡Todos quedarán fascinados cuando el delfín parezca saltar fuera del agua y de la tarjeta!

Materiales

- Cartulina
- Cartulina blanca
- Cizalla para papel
- Perforadora de círculos
- Perforadora para hacer agujeros
- Formas troqueladas y máquina de troquelar
- Sellos y pegamento
- Almohadilla de tinta
- Barniz de relieve
- Hilo y máquina de coser
- Hilo de algodón trenzado
- Rotuladores
- Lápiz y cúter
- Ojos móviles y pompón
- Piedras brillantes
- Plegadera

Instrucciones básicas

1. Hacer una base de tarjeta de 21,6 x 14 cm (esta tarjeta se dobla). Cortarle un reborde de 6 mm y decorarla con un sello para hacer lunares.

2. Cortar un trozo de cartulina blanca de 7,6 x 9,5 cm y otro trozo de cartulina negra de 7 x 8,3 cm. Pegar la cartulina negra a la cartulina blanca.

3. Coser a máquina los bordes de la pieza de cartulina, rodearla con hilo de algodón trenzado y pegarla en la parte delantera de la tarjeta.

4. Troquelar una forma de etiqueta con una cartulina azul claro y decorar con un sello de motivos conjuntados.

5. Troquelar un círculo festoneado de cartulina azul más oscuro y pegarlo a continuación en el centro de la etiqueta.

6. Troquelar un círculo de cartulina blanca y decorarlo con un sello formando olas azules. Pegar este círculo centrado sobre el círculo festoneado.

7. Pegar la pieza con la etiqueta a la tarjeta.

8. Con un sello, estampar un delfín y un sombrero de fiesta en cartulina blanca y colorear las imágenes con rotuladores. Recortar las figuras y pegarlas en la tarjeta, encima del círculo. Colocar un ojo móvil y un pompón para adornarlo.

9. Aplicar barniz de relieve en algunas de las imágenes estampadas en segundo plano, para darles un aspecto de originales burbujas.

Instrucciones detalladas

1 Recortar una tira de 6 mm del borde superior de una base de tarjeta de 21,6 x 14 cm de cartulina azul (esta tarjeta se dobla).

2 Hacer una muesca en el borde superior de la tarjeta con una perforadora de círculos de 2,5 cm.

3 Dibujar una línea a 1,3 cm del borde en los cuatro lados de la parte delantera de la tarjeta. Hacer una marca de doblez a lo largo de la línea del borde superior. Con un cúter, cortar los otros tres lados marcados, dejando intacta la línea de doblez.

4 Marcar una línea de doblez en el centro de la pieza cortada.

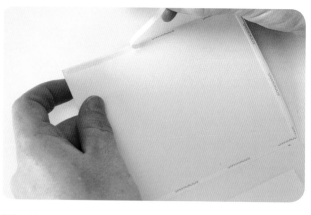

5 Unir con pegamento las partes delantera y posterior de la tarjeta a lo largo de los bordes laterales y del borde inferior, formando un bolsillo en la parte de arriba de la tarjeta.

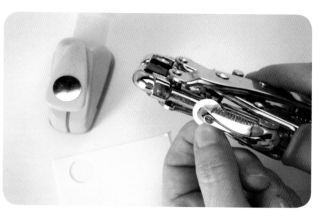

6 Realizar la etiqueta cortando un trozo de cartulina azul claro de 7,6 x 13,3 cm. Después, hacer una lengüeta circular de 1,3 cm y perforar un agujero en la misma con una perforadora para hacer agujeros estándar. Pegar la lengüeta circular en la parte superior de la cartulina.

7 Sujetar con un clip las dos esquinas inferiores. Hacer una marca de doblez en la etiqueta, a 1,3 cm del borde inferior.

8 Deslizar la etiqueta dentro de la base de la tarjeta, a través del bolsillo. Doblar la etiqueta por la línea de doblez marcada y pegar la lengüeta de 1 cm en la cara posterior del borde inferior de la pieza cortada en la base de la tarjeta.

Por último:
Para decorar la tarjeta
seguir los pasos 3-9 de las
Instrucciones básicas. Adornar
la parte interior del bolsillo
con más peces y atar un trozo
de hilo de algodón trenzado
pasándolo por el agujero de
la lengüeta circular.

9 Cortar un trozo de cartulina negra de 7 x 8,3 cm y pegarla sobre un
trozo de cartulina blanca de 7,6 x 9,5 cm. Si se desea, coser a máquina
por encima de los bordes de las piezas unidas. Pegar esta pieza en la
mitad inferior de la pieza cortada en la parte delantera de la tarjeta,
alineando los bordes inferiores.

Porta tarjetas-regalo con magdalena

¿Un bonito regalo con una sorpresa dentro? ¡Sí, por favor!

Diseñada por Lisa Dorsey

Materiales

- Cartulina
- Cartulina gofrada
- Papel con dibujo
- Cizalla para papel
- Pegamento
- Tijeras de corte decorativo
- Lápiz y cúter
- Tinta de tiza
- Piedras brillantes
- Puntos adhesivos
- Máquina de coser e hilo (optativo)

Instrucciones básicas

1. Realizar una base de tarjeta de cartulina roja de 14 x 15,2 cm.
2. Cortar un trozo de papel de lunares de 13 x 14,6 cm y pegarlo en la parte delantera de la tarjeta.
3. Con las tijeras de corte decorativo, recortar un trozo de cartulina verde de 13 x 11,4 cm. Si se desea, dar unas puntadas con la máquina de coser. Pegar la cartulina a la tarjeta.
4. Con la plantilla de la página 137, recortar la parte inferior de la magdalena de papel rojo con dibujo y pegarla a la tarjeta.
5. Con la plantilla de la página 137, cortar la parte superior de la magdalena de la cartulina gofrada (se puede gofrar en seco una cartulina que no tenga este motivo). Entintar los bordes de la parte superior de la magdalena y pegarla a la tarjeta.
6. Recortar una forma de cereza y pegarla a la parte de arriba de la magdalena.
7. Decorar la magdalena con piedras brillantes.

Instrucciones detalladas

Para comenzar:

Seguir los pasos 1-7 de las Instrucciones básicas, pero no pegar la parte superior ni inferior de la magdalena a la base de la tarjeta.

1 Confeccionar un bolsillo con la base de la magdalena, pegando solo los lados y el borde inferior a la base de la tarjeta.

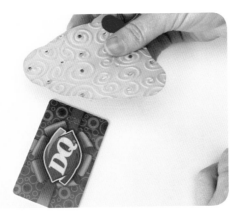

2 Fijar con puntos adhesivos una tarjeta-regalo a la cara posterior de la parte superior de la magdalena. Dejar que asome la parte inferior de la tarjeta-regalo.

3 Deslizar la tarjeta-regalo dentro del bolsillo, sujetando en su sitio la parte superior de la magdalena.

2

Vacaciones de invierno

El invierno es la estación más apropiada para mantenerse en contacto con la familia y los amigos. En este capítulo se ofrecen grandes ideas para realizar tarjetas sencillas, la clase de tarjetas que podemos hacer en serie cuando la lista de destinatarios sobrepasa la docena o más. Hay un simpático muñeco de nieve hecho con círculos perforados y botones, una bonita tarjeta plegada en acordeón con un Nacimiento, que se realiza rápida y fácilmente con figuras estampadas. Por supuesto, en este capítulo también hay muchas tarjetas con sonajeros, piezas desplegables y giratorias. Llama la atención la Tarjeta deslizable con monedas árbol de Navidad, la Tarjeta desplegable con copos de nieve y la Tarjeta giratoria Fiesta de las luces. Además, hemos incluido algunas opciones diferentes para obsequiar tarjetas-regalo, como el clásico calcetín realizado con papel. ¿A quién no le gustaría encontrárselo colgado de la chimenea del salón?

Tarjeta desplegable con árbol de Navidad

Diseñada por Kimber McGray

Nada sugiere mejor la Navidad que los clásicos colores rojo vivo y verde, combinados con los estampados escoceses y las flores de Pascua. Imaginad la sorpresa cuando alguno de vuestros seres queridos abra esta tarjeta y aparezca un árbol de Navidad adornado con preciosas bolas y rematado por una estrella dorada.

Materiales

- Cartulina
- Papel con dibujo
- Cizalla para papel
- Perforadora para redondear esquinas
- Perforadora de bordes
- Pegamento
- Tijeras
- Rotulador de gel blanco
- Gomaespuma adhesiva
- Lápiz y cúter
- Plegadera
- Cordel
- Perlas autoadhesivas

Instrucciones básicas

1. Hacer una base de tarjeta de 21,6 x 14 cm de cartulina roja (esta tarjeta se dobla). Redondear las esquinas superior e inferior derechas con una perforadora para redondear esquinas.

2. Cortar un trozo de papel de cuadros escoceses de 7,6 x 10,8 cm y pegarlo en la parte inferior de la tarjeta. Redondear la esquina inferior derecha con la perforadora para redondear esquinas.

3. Cortar una tira de papel verde con dibujo de 10,8 x 1,3 cm y festonear un borde con la perforadora de bordes. Pegar la tira en la tarjeta, a lo largo del borde superior del papel de cuadros escoceses.

4. Con un rotulador de gel blanco dibujar una línea de puntadas falsas encima de la tira de papel verde con dibujo.

5. Recortar dos flores de Pascua de distinto tamaño de un papel con dibujo. Dejar una flor entera y en la otra recortar la flor interior. Pegar las dos flores con gomaespuma adhesiva y después pegarlas a la tarjeta.

Instrucciones detalladas

Para comenzar:

Hacer la parte delantera de la tarjeta siguiendo las Instrucciones básicas.

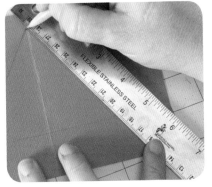

1 Para el interior de la tarjeta, cortar un trozo de papel con dibujo de 12,7 x 19 cm y redondear las esquinas. Con un lápiz hacer una marca a 3,2 cm del borde inferior y otras a 5 cm de distancia a cada lado del pliegue central. Trazar una línea recta que una las dos marcas, formando un triángulo.

2 Hacer una marca con lápiz a 1,3 cm del borde inferior. Trazar un arco que pase por la marca y una los dos vértices de la base del triángulo.

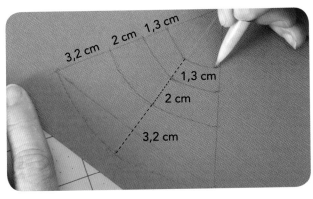

3 Hacer las marcas para los niveles del árbol: a 3,2 cm del borde inferior a cada lado y encima del pliegue desde el borde inferior de la curva. Unirlas para formar el siguiente arco; a 2 cm de las anteriores en los lados y unirlas con un arco; a 1,3 cm de las últimas marcas en los lados y unirlas con otro arco.

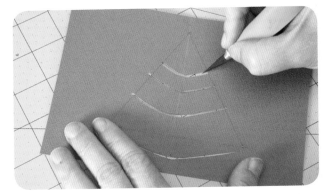

4 Con un cúter, cortar cada arco de izquierda a derecha a lo largo de las líneas trazadas.

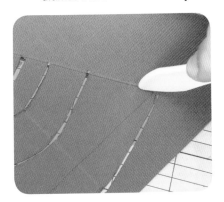

5 Hacer una marca de doblez desde la parte de arriba del árbol hasta las esquinas inferiores del mismo.

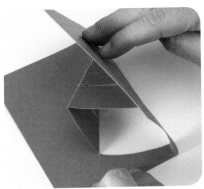

6 Empujar el árbol hacia el interior de la tarjeta para formar el desplegable. Después pegar este revestimiento en el interior de la base de la tarjeta.

Para terminar:

Decorar el interior de la tarjeta tal como se muestra en la fotografía de la página 42.

Tarjeta sonajero con muñeco de nieve

Diseñada por Kimber McGray

Esta simpática tarjeta con muñeco de nieve os alegrará el corazón. Se ha realizado con botones, tapas de plástico y una cinta roja a modo de bufanda. Para decorarla se ha aplicado un poco de purpurina brillante; así cobra vida ante nuestros ojos.

Materiales

- Cartulina
- Papel Kraft con dibujo
- Cizalla para papel
- Perforadora de bordes
- Perforadora de círculos
- Pegamento
- Hilo de algodón trenzado
- Botones
- Cinta
- Tapas de plástico
- Purpurina
- Gomaespuma adhesiva

Instrucciones básicas

1. Hacer una base de tarjeta de 21,6 x 14 cm de cartulina blanca (esta tarjeta se dobla).
2. Recortar un trozo de 10,8 x 14 cm de papel Kraft con dibujo y pegarlo a la tarjeta.
3. Con la perforadora de bordes, festonear un trozo de cartulina roja de 13,3 x 3,8 cm. Pegarlo en la parte delantera de la tarjeta, a lo largo del borde izquierdo. Con hilo de algodón trenzado, dar tres vueltas a la tarjeta y hacer un lazo en la parte delantera de la misma.
4. Cortar tres círculos de 6,4 cm de cartulina blanca y pegarlos en la parte delantera de la tarjeta con gomaespuma adhesiva, solapándolos un poco. Recortar un trocito del círculo inferior si sobresale de los bordes de la tarjeta.
5. Para hacer un muñeco de nieve, pegar botones en los círculos y una cinta roja y blanca a modo de bufanda.
6. Recortar un triángulo pequeño de cartulina de color naranja y pegarlo para hacer la nariz.

Instrucciones detalladas

Para comenzar:

Realizar una base de tarjeta de 9 x 17,8 cm.
Cortar un trozo de papel Kraft con dibujo de
8,3 x 17 cm y pegarlo a la base de tarjeta.
Festonear el borde de un trozo de cartulina roja
de 1,3 x 17 cm y pegarlo a lo largo del borde
izquierdo de la base de tarjeta. Dar tres vueltas
a la tarjeta con hilo de algodón trenzado y hacer
un lazo en la parte delantera de la misma.

1 Recortar tres círculos de cartulina blanca que encajen
con las tapas de plástico. Pegar los botones y la nariz
en los diferentes círculos. Echar purpurina en polvo
dentro de las tapas de plástico.

Por último:

Pegar las tapas decoradas
a la base de la tarjeta con
gomaespuma adhesiva y
pegar una cinta con forma
de bufanda en el cuello del
muñeco de nieve.

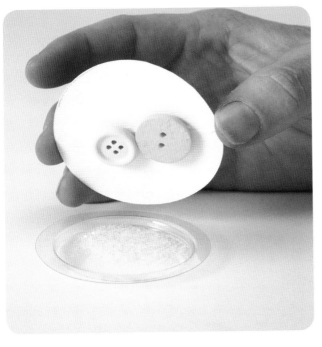

2 Pegar los círculos de cartulina a las tapas para evitar
que la purpurina se derrame, pues una vez que se
salga ¡ya no se podrá poner otra vez!

Porta tarjetas-regalo con calcetín

Diseñada por Kimber McGray

Hay quien cuelga varios calcetines de la chimenea. Este contiene una tarjeta-regalo. Es una manera original de presentar un regalo usando un tradicional icono navideño.

Materiales

- Cartulina Kraft
- Cartulina
- Papel con dibujo
- Cizalla para papel
- Perforadora para redondear esquinas
- Lápiz
- Tijeras
- Rotulador de gel blanco
- Pegamento
- Cinta de sarga
- Botones de cartón prensado
- Máquina de coser
- Hilo de bordar

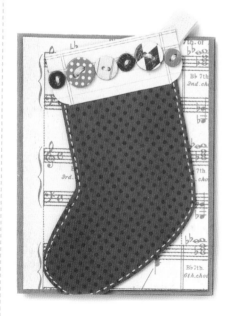

Instrucciones básicas

1. Comenzar con una base de tarjeta de 21,6 x 14 cm de cartulina Kraft (esta tarjeta se dobla).
2. Pegar un trozo de papel con dibujo de 10,2 x 13,3 cm a la base de la tarjeta.
3. Con la plantilla de la página 136, recortar un calcetín de papel rojo con dibujo. Con un rotulador de gel blanco dibujar falsas puntadas a lo largo del borde del calcetín.
4. Recortar una tira de papel con dibujo de 3,8 x 7,6 cm, redondear las esquinas inferiores y pegar la tira en el borde superior del calcetín.
5. Doblar un trozo pequeño de cinta de sarga para formar una presilla y pegarla en la parte posterior del calcetín.
6. Pegar el calcetín en la parte delantera de la tarjeta y adornar el borde superior con botones de cartón prensado.

Instrucciones detalladas

 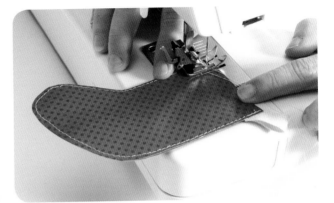

1 Con la plantilla de la página 136, recortar dos calcetines de papel con dibujo. Recordar dar la vuelta a la plantilla antes de cortar el segundo calcetín para que formen imágenes opuestas. Esto permitirá que las "caras correctas" del papel con dibujo queden hacia el exterior una vez finalizado el calcetín.

2 Pegar juntas las caras interiores de los calcetines, únicamente alrededor de los bordes, dejando abierta la parte superior de los mismos. Si se desea, se pueden coser a máquina los calcetines dejando un margen de 3 mm, también alrededor de todo el borde exceptuando la parte de arriba.

3 Adornar la parte delantera del calcetín tal como se indica en los pasos 3-6 de las Instrucciones básicas. Por último, introducir una tarjeta-regalo dentro del calcetín.

Tarjeta desplegable con copos de nieve

Estos copos de nieve de fieltro derretirán el corazón, pero nunca se desharán en las manos.

Diseñada por Lily Jackson

Instrucciones básicas

1. Hacer una base de tarjeta de 21,6 x 14 cm de cartulina blanca (esta tarjeta se dobla). Envejecer los bordes.
2. Recortar un trozo de papel rosa con dibujo de 9,5 x 12,7 cm. Envejecer los bordes.
3. Cortar un trozo de cinta de organza de 11,4 cm de largo. Hacer un nudo en la cinta un poco alejado del centro. Dar vueltas con la cinta al papel rosa con dibujo y pegar los extremos en la parte posterior del mismo. Pegar el papel rosa con dibujo en la tarjeta.
4. Decorar la tarjeta con unas espirales recortadas de papel verde con dibujo. Pegar una perla en el centro de un copo de nieve de fieltro y después pegar este encima del nudo realizado en la cinta.

Materiales

- Cartulina
- Papel con dibujo
- Papel de lija
- Cizalla para papel
- Perforadora de círculos
- Cinta
- Tijeras
- Pegamento
- Perla autoadhesiva
- Copos de nieve de fieltro
- Lápiz y cúter

Instrucciones detalladas

Para comenzar:

Hacer la parte delantera de la tarjeta de acuerdo con las Instrucciones básicas.

1 Para el revestimiento interior, cortar un trozo de cartulina de 12 x 20,3 cm. Doblarlo por la mitad. En la parte posterior, marcar con un lápiz tres bisagras desplegables, cada una de 6 mm de ancho y de 2 cm a 4,5 cm de largo. Cortar sobre la parte alargada de las bisagras, pero no en la parte de 6 mm de ancho.

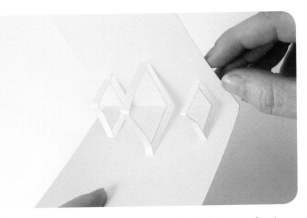

2 Abrir el revestimiento y empujar las bisagras hacia el interior del mismo.

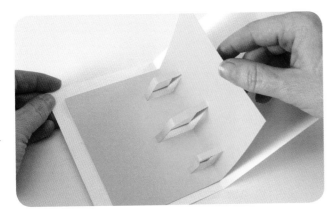

3 Pegar el revestimiento en la parte interior de la base de la tarjeta.

4 Pegar los copos de nieve de fieltro sobre círculos de papel con dibujo de un tamaño adecuado; luego, pegarlos a las bisagras. Festonear el borde de una tira de papel con dibujo de 12 x 1,3 cm y pegarlo en el borde inferior del revestimiento interno de la tarjeta.

Tarjeta giratoria Fiesta de las luces

Alegrad la noche de un amigo querido o de un miembro de la familia con este original "molinete" siguiendo la tradición de encender el candelabro judío menorah.

Materiales

- Cartulina azul marino
- Cartulina
- Cizalla para papel
- Perforadora de círculos
- Pegamento
- Rotulador de gel blanco
- Lápiz y cúter
- Punzón para papel
- Tachuela

Diseñada por Kimber McGray

Instrucciones básicas

1. Comenzar con una base de tarjeta de 21,6 x 14 cm de cartulina azul marino (esta tarjeta se dobla).

2. Realizar un menorah: recortar una tira de cartulina plateada para la base del candelabro, de 6 mm x 7,6 cm. Perforar un círculo de cartulina plateada de 3,8 cm Ø y cortar un segmento del mismo igual a una tercera parte de la altura del candelabro para el soporte.

3. Cortar ocho trozos de cartulina blanca de 6 mm x 3,2 cm y uno de 6 mm x 3,8 cm para las velas.

4. Pegar todos los trozos a la base de la tarjeta, tal como se muestra en la fotografía. Dibujar los pabilos de las velas con un rotulador de gel blanco.

5. Recortar nueve llamas para las velas de cartulina amarilla y pegarlas en la parte de arriba de los pabilos.

Instrucciones detalladas

1 Seguir los pasos 1-4 de las Instrucciones básicas.

2 Con un círculo de 9 cm Ø a modo de plantilla, dibujar con lápiz un arco cuyo centro esté por encima de las velas.

3 Cortar a lo largo del arco una línea recta trazada sobre el pabilo del centro para hacer una ventana.

4 Realizar una muesca en el lado derecho de la tarjeta con una perforadora de círculos de 2,5 cm.

5 Colocar un círculo azul de 10,2 cm Ø detrás de la ventana y hacer un agujero que atraviese el centro de la vela central y del círculo de 10,2 cm.

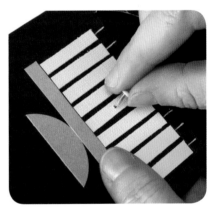

6 Insertar una chincheta blanca en el agujero de la parte delantera de la tarjeta y atravesar con ella el círculo de 10,2 cm Ø.

7 Pegar una llama en el círculo azul, justo encima de la vela del centro.

8 Girar 180° el círculo de 10,2 cm y colocar las nueve llamas, una encima de cada vela, para obtener un candelabro encendido.

Porta tarjetas-regalo nieve de invierno

Diseñada por Kimber McGray

Mientras el viento invernal sopla fuera, se puede enviar una bonita tarjeta azul y blanca cubierta de espirales de perlas para mantener el contacto con una amigo especial durante las vacaciones de invierno.

Materiales

- Cartulina
- Papel con dibujo
- Cizalla para papel
- Perforadora de bordes
- Perforadora para redondear esquinas
- Pegamento
- Espirales de perlas autoadhesivas
- Cinta
- Piedras brillantes
- Tijeras y cúter
- Plegadera

Instrucciones básicas

1. Comenzar con una base de tarjeta de 14 x 21,6 cm de cartulina (esta tarjeta se dobla).
2. Cortar un trozo de papel con dibujo a rayas de 14 x 10,8 cm y pegarlo en la tarjeta.
3. Cortar una tira de papel blanco con dibujo de 14 x 2,5 cm.

Con una perforadora, formar festones en uno de los bordes. Pegar la tira en la parte delantera de la tarjeta.

4. Adornar la tarjeta con una espiral de perlas autoadhesivas.
5. Atar una cinta alrededor de la tarjeta y hacer un lazo con ella.
6. Redondear las esquinas inferiores de la tarjeta con una perforadora para redondear esquinas.

Instrucciones detalladas

Para comenzar:

Seguir todos los pasos de las Instrucciones básicas para realizar la parte delantera de la tarjeta.

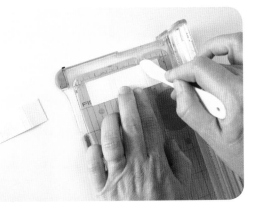

1 Cortar dos tiras de cartulina blanca de 2,5 x 8,3 cm. Hacer marcas para doblez en cada una a partir del borde izquierdo a: 2,5 cm, 3,2 cm, 5,7 cm y 6,4 cm.

2 Doblar y pegar el lado de 2 cm al lado de 2,5 cm para formar prismas.

3 Pegar los prismas en la parte interior de la base de la tarjeta.

4 Cortar un trozo de papel con dibujo de 12,7 x 14 cm y festonear el canto superior. Hacer una marca de doblez a 2,5 cm del borde superior. Pegar el papel en la parte interior de la tarjeta, alineando el borde inferior del papel con el borde inferior de la tarjeta. La línea de doblez debe coincidir perfectamente con los prismas y los 2,5 cm restantes con la parte superior de los mismos, formando el porta tarjetas. Cortar un trozo de papel con dibujo de 8,3 x 14 cm y pegarlo en la parte superior del interior de la tarjeta. Redondear las esquinas y decorar el interior con cinta y perlas autoadhesivas.

Tarjeta árbol de Navidad con deslizable con monedas

Diseñada por Lily Jackson

Adornar un árbol de Navidad es una divertida tradición festiva. Crear una tarjeta con adornos que se deslizan por medio de monedas es casi igual de entretenido. Inclinar la tarjeta hacia uno y otro lado para ver cómo se mueven las bolas de Navidad a lo largo del árbol.

Materiales

- Cartulina
- Papel con dibujo
- Papel de lija
- Cizalla para papel
- Perforadora de círculos
- Perforadora de ranuras
- Pegamento
- Lápiz y cúter
- Envejecedor de papel
- Gomaespuma adhesiva
- Monedas

Instrucciones básicas

1. Hacer una base de tarjeta de 21,6 x 14 cm de cartulina (esta tarjeta se dobla). Si se desea, envejecer los bordes.

2. Cortar un trozo de papel verde con dibujo de 9,5 x 12,7 cm y envejecer los bordes. Pegarlo en la parte delantera de la tarjeta.

3. Cortar un triángulo de un papel amarillo con dibujo.

El triángulo debe medir 9 cm en su punto más ancho (base) y 11,4 cm en su punto más alto (altura). Pegar el triángulo en la tarjeta.

4. Perforar tres círculos pequeños de un papel de dibujo a juego con el papel amarillo, envejecer los bordes y pegar los círculos con gomaespuma adhesiva en la parte delantera de la tarjeta.

Instrucciones detalladas

Para comenzar:

Seguir los pasos 1-3 de las Instrucciones básicas, pero no pegar el triángulo a la tarjeta.

1 Con una perforadora de ranuras hacer una abertura horizontal en el centro del triángulo. En total deben realizarse tres aberturas para las piezas deslizables.

2 Para la ranura de la parte inferior hay que perforar varias veces, alineando la perforadora con cuidado y dedicando el tiempo necesario.

3 Para la ranura de la parte superior, utilizar una de las piezas a desechar de uno de los pasos anteriores. Doblarla para formar una ranura más corta y usarla como plantilla. Cortar esta ranura con un cúter.

4 Realizar tres piezas deslizables colocando gomaespuma adhesiva entre dos monedas.

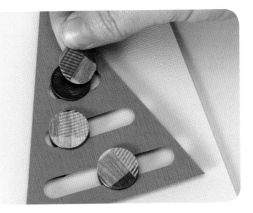

5 Pegar el árbol a la tarjeta con dos capas de gomaespuma adhesiva, situando una sobre otra. Introducir cuidadosamente las piezas deslizables con monedas en las ranuras.

6 Forrar las piezas deslizables con círculos de papel con dibujo para que parezcan adornos.

Tarjeta con Papá Noel

Diseñada por Kimber McGray

¡Nunca se sabe cuándo aparecerá Papá Noel para sorprendernos! Esta vez ya está aquí para repartir espíritu de fiesta… pero solo si hemos sido buenos.

Materiales

- Cartulina Kraft
- Cartulina
- Cartulina roja repujada
- Perforadora en forma de copo de nieve
- Cúter
- Pegamento
- Plegadera
- Bolígrafo de purpurina con adhesivo líquido
- Cuadrados de gomaespuma adhesiva
- Figura de Papá Noel
- Piedras brillantes

Instrucciones básicas

1. Comenzar con una base de tarjeta de cartulina Kraft de 21,6 x 14 cm (esta tarjeta se dobla).

2. Cortar un trozo de cartulina roja repujada de 9,5 x 5,7 cm. Cortar a mano una tira de cartulina blanca de 11,4 cm. Festonear a mano el borde de la tira, de forma que parezca nieve. Pegar la tira a la chimenea. Decorar con el bolígrafo de purpurina con adhesivo líquido.

3. Pegar la chimenea de cartulina a la base de la tarjeta con cuadrados de gomaespuma adhesiva. Pegar solo a lo largo de los bordes de la chimenea, asegurándose de dejar una abertura dentro de la cual introducir la figura de Papá Noel.

4. Recortar la parte inferior de la figura para que encaje bien dentro de la chimenea.

5. Pegar dos copos de nieve de cartulina blanca, cortados con la perforadora, a la base de la tarjeta.

Instrucciones detalladas

1 Comenzar con una base de la tarjeta de cartulina Kraft. Cortar un trozo de cartulina repujada roja de 9,5 x 5,7 cm. Cortar con la mano un trozo de cartulina blanca de unos 11,4 cm y formar festones a mano en el borde. Pegar la "nieve" de cartulina blanca en el borde superior de la chimenea.

2 Con gomaespuma adhesiva, pegar la chimenea de cartulina a la base de la tarjeta. Pegar solo los bordes laterales y el inferior, dejando abierto el superior para introducir la figura de Papá Noel.

3 Cortar una tira de cartulina Kraft de 2,5 x 14 cm. Hacer una línea de doblez y doblar un extremo a una distancia de 2 cm y de 6,4 cm. Pegar la lengüeta de 2 cm en la parte interior de la tarjeta, a 4,5 cm del borde superior. Pegar la figura de Papá Noel a la mitad inferior de la tira de cartulina Kraft. Introducir los pies de Papá Noel en la chimenea.

Por último:

Decorar la parte delantera de la tarjeta confeccionando otra chimenea con nieve. Pegar unos copos de nieve troquelados en el interior y en la parte delantera de la tarjeta. Añadir unos destellos a las chimeneas nevadas con un bolígrafo de purpurina. Por último, pegar a la tarjeta algunas piedras brillantes a fin de darle brillo y realce.

Tarjeta con pliegue de acordeón y tres Reyes Magos

Diseñada por Kimber McGray

Divulgar la alegría de la tradición navideña con una tarjeta rústica plegada en acordeón.

Materiales

- Cartulina Kraft
- Papel con dibujo
- Cizalla para papel
- Cordel
- Etiquetas de papel Kraft
- Sellos
- Almohadillas de tinta
- Rotuladores
- Cúter
- Gomaespuma adhesiva
- Plegadera

Instrucciones básicas

1. Comenzar con una base de tarjeta de 14 x 21,6 cm de cartulina Kraft (esta tarjeta se dobla).
2. Cortar un trozo de papel con dibujo de 9,5 x 12,7 cm y pegarlo en la tarjeta.
3. Enrollar cordel alrededor de dos etiquetas de papel Kraft y pegar estas en la parte delantera de la tarjeta.
4. Estampar imágenes con el sello en la cartulina blanca y colorearlas con rotuladores.
5. Recortar las imágenes y pegarlas en las etiquetas con gomaespuma adhesiva.

Instrucciones detalladas

1 Comenzar con una base de tarjeta de cartulina Kraft de 14 x 29,2 cm. Marcar líneas de doblez, a partir del borde izquierdo, a 10,8 cm, 12 cm, 13,3 cm, 14,6 cm, 16 cm, 17 cm y 18,4 cm de distancia.

2 Doblar a lo largo de las líneas marcadas para obtener una tarjeta de 14 x 10,8 cm. Se trabajará con un pliegue en acordeón en la parte inferior de la tarjeta. Pegar un trozo de cordel de 61 cm a lo largo de la tarjeta, dejando aproximadamente 15,2 cm sobresaliendo por la parte superior e inferior, incluyendo 5 cm de cordel flojo a lo largo del centro del pliegue en acordeón. Pegar un trozo de papel con dibujo de 9,5 x 12,7 cm en la parte delantera de la tarjeta y un trozo de cartulina de 9,5 x 12,7 cm a la parte posterior.

3 Pegar un trozo de papel con dibujo de 9 x 12,7 cm en la parte interior de la tarjeta y aplicar algunos adornos encima, así como en los huecos del pliegue en acordeón, para crear la escena.

Por último:
Decorar la parte delantera de la tarjeta con imágenes estampadas, etiquetas Kraft y cordel, tal como se indica en las Instrucciones básicas. Atar el cordel de 15,2 cm desde la parte superior a la inferior de la tarjeta para cerrar la tarjeta terminada.

Tarjeta con árbol triangular desplegable

Diseñada por Kimber McGray

Doblando la misma forma varias veces se puede crear fácilmente un elemento desplegable para una tarjeta. En este caso, resulta fácil ver cómo unos cuantos triángulos se convierten rápidamente en un sencillo diseño de árbol de Navidad.

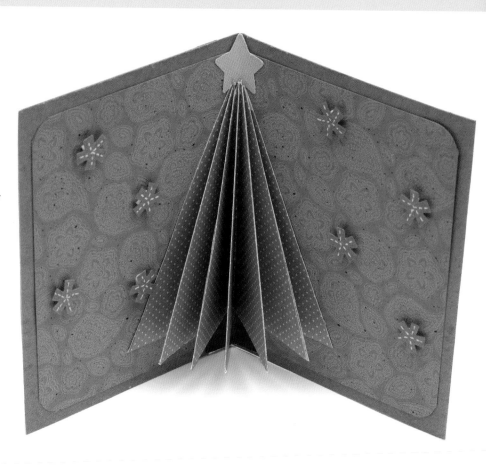

Instrucciones básicas

1. Hacer con una base de 21,6 x 14 cm de cartulina Kraft (esta tarjeta se dobla).

2. Cortar un trozo de cartulina Kraft de 14 x 9 cm. Perforar los lados largos con una perforadora de bordes. Pegar la cartulina a la base de la tarjeta.

3. Cortar un trozo de papel Kraft con dibujo de 14 x 7,6 cm y pegarlo en la base de la tarjeta. Con un rotulador de gel blanco dibujar falsas puntadas a lo largo del borde del papel Kraft con dibujo.

4. Cortar un triángulo de un trozo de papel verde con dibujo; el triángulo debe medir 10,2 cm de base y 11,4 cm de altura. Enrollar el hilo de algodón trenzado cuatro o cinco veces alrededor del triángulo, imitando guirnaldas, y hacer un lazo en la parte delantera de la tarjeta. Pegar un trozo de papel marrón con dibujo de 2 x 2,5 cm en la parte inferior del árbol de papel con dibujo.

5. Pegar el árbol en la parte delantera de la tarjeta con gomaespuma adhesiva.

6. Troquelar una estrella de cartulina amarilla y pegarla en la parte alta del árbol con gomaespuma adhesiva.

Materiales

- Cartulina Kraft
- Papel Kraft con dibujo
- Papel con dibujo
- Cizalla para papel
- Perforadora de bordes

- Perforadora en forma de estrella o de asterisco
- Perforadora para redondear esquinas
- Pegamento

- Rotulador de gel blanco
- Hilo de algodón trenzado
- Cordel
- Gomaespuma adhesiva
- Plegadera

Instrucciones detalladas

Para comenzar:

Siguiendo todos los pasos de las Instrucciones básicas, hacer la parte delantera de la tarjeta. Cortar un trozo de papel con dibujo de 20,3 x 12,7 cm, redondear todas las esquinas y pegarlo en la parte interior de la tarjeta a modo de forro.

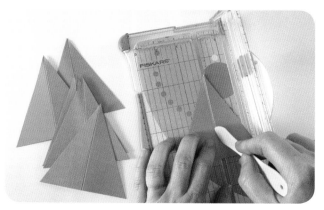

1 Cortar seis triángulos de 10,2 x 10,2 cm de papel verde con dibujo. Marcar líneas de doblez y doblar cada triángulo por la mitad.

2 Pegar los triángulos entre sí por la cara posterior de los mismos.

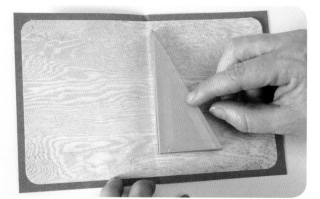

3 Pegar al forro de la tarjeta las dos piezas exteriores del árbol plegado, haciendo coincidir el centro del árbol con el pliegue central de la tarjeta.

Por último:

Añadir un tronco y una estrella al árbol y adornarlo después con copos de nieve hechos con la perforadora de papel o dibujados con el rotulador de gel blanco.

Otras vacaciones

A lo largo del año hay muchas ocasiones festivas para enviar tarjetas, como el Día de San Valentín, Pascua, el Día de la madre, el Día del padre y Halloween. En este capítulo nos dedicaremos a todas ellas. ¿Qué les parecería regalar una tarjeta repleta de grageas de chocolate para el Día de San Valentín? ¿O enviar una araña que se desliza por una tarjeta para asustar a algún amigo en Halloween? Incluso podemos enviar a nuestra madre un marcador de libros de diseño antiguo dentro de un bonito sobre adornado con encaje para el Día de la madre.

Les enseñaremos a llevar a cabo otra idea para el Día de la madre: un bonito broche de fieltro en forma de flor que le encantará. Sugerir a papá que vaya al polideportivo a jugar o que haga una excursión al lago con la esperanza de pescar un enorme pez para el Día del padre. Jugar con cartulina de tiza y escribir un terrorífico mensaje de Halloween en una tarjeta personalizada.

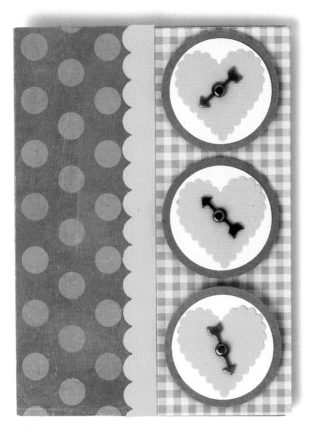

Todas las flechas apuntan hacia una tarjeta de amor

Diseñada por Kimber McGray

Cupido no lanzó solo una flecha, sino tres. Mirad cómo giran las flechas de Cupido, apuntando finalmente hacia un enamorado. En este caso, no hay duda del cuidado que pondréis al enviar esta tarjeta llena de amor en el Día de San Valentín.

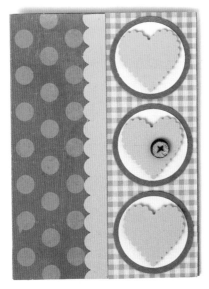

Instrucciones básicas

1. Comenzar con una base de tarjeta de 21,6 x 14 cm de cartulina Kraft (esta tarjeta se dobla).

2. Cortar y pegar un trozo de papel con dibujo de lunares en el lado izquierdo de la tarjeta.

3. Cortar y pegar un trozo de papel de cuadritos rosa, de 5 x 14 cm, en el lado derecho de la tarjeta.

4. Cortar una tira de cartulina rosa y festonear uno de los lados con una perforadora de bordes. Pegar la tira encima de la zona de la tarjeta en la que coinciden los dos papeles con dibujo.

5. Perforar tres círculos de 3,8 cm Ø de cartulina blanca y tres de 4,5 cm Ø de cartulina Kraft. Pegar los círculos blancos sobre los de cartulina Kraft y después estos a la tarjeta.

6. Troquelar tres corazones de cartulina rosa y pegarlos en el centro de los círculos con gomaespuma adhesiva.

7. Adornar el corazón del centro con un botón.

Materiales

- Cartulina Kraft
- Cartulina
- Papel con dibujo
- Cizalla para papel
- Perforadora de bordes
- Perforadoras en forma de círculo y de corazón
- Pegamento
- Gomaespuma adhesiva
- Botones
- Chinchetas o punzón de papel
- Flechas giratorias
- Tachuelas decorativas

Instrucciones detalladas

Para comenzar:

Seguir las Instrucciones básicas hasta el paso 5, pero sin pegar los círculos a la tarjeta. Perforar tres corazones de cartulina rosa y pegarlos en el centro de los círculos con pegamento normal, no con gomaespuma adhesiva.

1 Perforar los centros de los círculos con una chincheta o un punzón de papel.

2 Fijar las flechas en los círculos con tachuelas decorativas.

3 Pegar los círculos en la tarjeta con gomaespuma adhesiva.

Tarjeta sonajero de San Valentín con golosinas

Diseñada por Kimber McGray

Este año, en lugar de la caja grande de bombones y la tarjeta comprada en la papelería, podemos crear una magnífica combinación de las dos con esta tarjeta hecha a mano con un corazón lleno de deliciosas grageas de chocolate.

Materiales

- Cartulina
- Papel con dibujo
- Cizalla para papel
- Perforadora de bordes
- Perforadora en forma de corazón
- Pegamento fuerte
- Hilo y botones
- Puntos adhesivos
- Gomaespuma adhesiva
- Cinta y tijeras
- Estuche de plástico con grageas de chocolate

Instrucciones básicas

1. Hacer una base de tarjeta de 25 x 9,5 cm (esta tarjeta se abrirá en vertical).
2. Decorar los bordes de la base de la tarjeta con una perforadora de bordes.
3. Cortar un trozo de papel rosa con dibujo de 9 x 12,5 cm y pegarlo en la base de la tarjeta.
4. Cortar un trozo de cartulina blanca de 5,7 x 10,8 cm y pegarlo al papel rosa con dibujo.
5. Cortar con la perforadora dos corazones de cartulina blanca y rosa, este último algo más grande que el blanco, y pegarlos juntos.
6. Pegar con puntos de pegamento fuerte los botones con hilo a la pieza en forma de corazón y pegar esta a la tarjeta con gomaespuma adhesiva.
7. Hacer un lazo con la cinta y pegarlo en la parte delantera de la tarjeta con un punto adhesivo.

Instrucciones detalladas

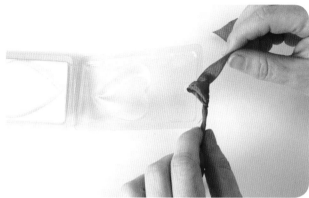

1 Hacer la misma base de tarjeta que para la tarjeta básica. Cortar un trozo de cartulina blanca de 5,7 x 10,8 cm e introducirlo en la parte posterior de un estuche con grageas de chocolate.

2 Atar una cinta pasándola por el agujero de la parte delantera del estuche.

3 Llenar el estuche con grageas de chocolate y cerrarlo.

4 Pegar el estuche con grageas de chocolate en la parte delantera de la tarjeta empleando un adhesivo fuerte.

Tarjeta con pollito de Pascua

Diseñada por Kim Hughes

Pascua y primavera son épocas de nacimiento y renovación. Escondido entre huevos decorados con dibujos, hay un pollito a punto de salir del cascarón. Solo con tirar suavemente, surgirá este nuevo amigo para felicitar la mañana de Pascua a nuestro ser querido.

Materiales

- Cartulina
- Papel con dibujo
- Cizalla para papel
- Perforadora de bordes
- Perforadora de círculos
- Pegamento
- Bolígrafo negro
- Gomaespuma adhesiva
- Lápiz y tijeras

Instrucciones básicas

1. Cortar una base de tarjeta de 10,8 x 12 cm.
2. Cortar un trozo de 10,8 x 14 cm de papel verde con dibujo y pegarlo en la base de la tarjeta.
3. Cortar un trozo de papel azul con dibujo de 10,8 x 7 cm y pegarlo en la parte superior de la base de la tarjeta.
4. Cortar una tira de papel verde con dibujo de 10,8 x 3,8 cm, hacer festones en un lado con una perforadora de bordes y pegarla en la tarjeta usando gomaespuma adhesiva.
5. Con la plantilla del huevo entero de la página 138, recortar tres huevos de diferentes papeles con dibujo. Introducir los huevos detrás del borde festoneado y pegarlos a la tarjeta.

Instrucciones detalladas

Para comenzar:
Seguir todos los pasos de las Instrucciones básicas.

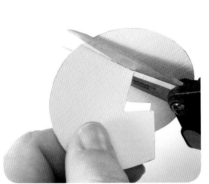

1 Dibujar y recortar otro huevo para combinarlo con el que ya está cortado. Cortar una línea en zigzag a lo largo del centro del huevo para imitar una resquebrajadura o bien utilizar las plantillas de la página 138.

2 Hacer el pollito perforando un círculo de cartulina amarilla de 4,5 cm Ø y pegarle las alas dibujadas con la plantilla de la página 138. Cortar un pico de papel de dibujo y dibujar los ojos del pollito.

3 Pegar la parte de arriba del cascarón roto en la parte superior del pollito.

4 Pegar la parte inferior del cascarón roto en la tarjeta, con gomaespuma adhesiva. Pegar solo los lados y la parte inferior, dejando un bolsillo para introducir el pollito.

5 Introducir el pollito dentro del huevo.

Tarjeta deslizable con conejito saltarín

Diseñada por Kimber McGray

¡Aquí viene Pedro Cola de algodón, saltando a las manos de vuestro chiquitín preferido en este día de Pascua!

Materiales

- Cartulina
- Papel con dibujo
- Perforadora para redondear esquinas
- Perforadora de bordes
- Perforadora en forma de mariposa
- Máquina de troquelar
- Conejito cortado con máquina troqueladora
- Rotulador negro
- Gomaespuma adhesiva
- Cúter
- Plegadera
- Pegamento

Instrucciones básicas

1. Hacer una base de tarjeta de 21,6 x 14 cm de cartulina blanca (esta tarjeta se dobla).

2. Recortar un trozo de papel verde con dibujo de 12,7 x 6,4 cm y pegarlo en la parte delantera de la tarjeta.

3. Cortar una tira de papel rosa con dibujo, de 12,7 x 2,5 cm, y decorar un lado con una perforadora de bordes. Pegar la tira a la tarjeta.

4. Cortar una tira de papel con dibujo de flores, de 6 mm x 12,7 cm, y pegarla en la base de la tarjeta.

5. Pegar con gomaespuma adhesiva la figura del conejito en la parte de delante de la tarjeta.

6. Con la perforadora, cortar una mariposa en papel de color naranja con dibujo y pegarla en la parte delantera de la tarjeta con gomaespuma adhesiva.

7. Con un rotulador negro dibujar a mano líneas de trazos simulando los saltos del conejito.

Instrucciones detalladas

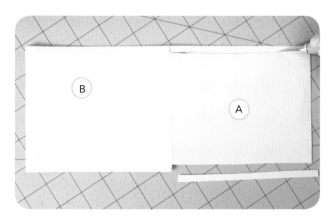

1 Hacer una base de tarjeta de 21,6 x 14 cm de cartulina blanca y reservarla (esta tarjeta se dobla). Después, cortar un trozo de cartulina blanca de 12 x 28,6 cm. Marcar una línea de doblez a 6 mm a lo largo de los dos bordes largos y de uno de los bordes cortos. Marcar una línea de doblez a 14 cm en el lado corto que estaba sin marcar. Con un cúter, recortar el trozo marcado de 6 mm de la pieza A.

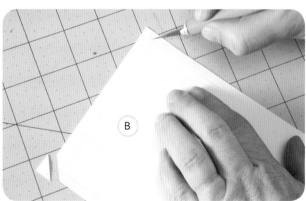

2 Recortar las esquinas de la pieza B con un cúter.

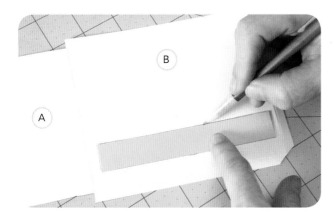

3 Hacer una plantilla rectangular de 2 x 12,7 cm. Colocarla encima de la pieza B, a 1,3 cm del borde inferior y centrada. Trazar una línea con el lápiz alrededor de la plantilla.

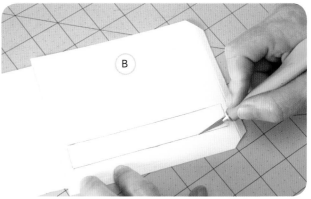

4 Con un cúter, recortar el rectángulo resultante.

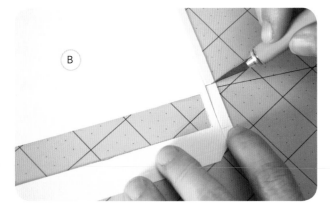

5 De nuevo con un cúter, cortar una muesca de 2,5 cm a partir del borde derecho de la cartulina, al lado de la abertura rectangular (para introducir la lengüeta deslizable).

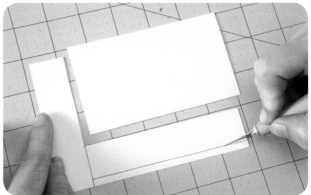

6 Realizar el deslizable con un trozo de cartulina blanca de 10,2 x 14,6 cm. El tope de la izquierda tiene 2,5 cm de ancho, lo mismo que la pieza deslizable. Recortar un reborde de 6 mm a partir del canto inferior y a 7 cm del canto superior.

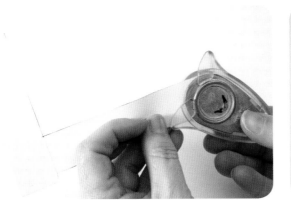

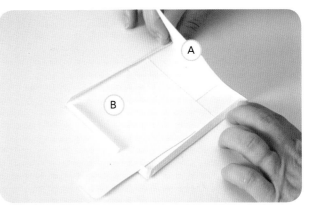

7 Redondear las esquinas de la lengüeta deslizable con una perforadora para redondear esquinas.

8 Doblar todas las piezas marcadas y poner pegamento en las solapas de 6 mm. Introducir la pieza deslizable dentro de la muesca. Pegar los bordes de esa pieza.

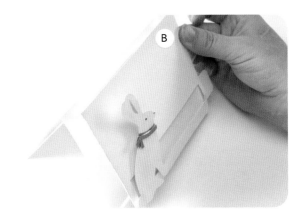

9 Con gomaespuma adhesiva, pegar a la lengüeta deslizable una figura de un conejo cortada con la máquina de troquelar.

10 Pegar la parte deslizable de la tarjeta a la base de tarjeta blanca.

Por último:

Decorar la tarjeta con un trozo de papel verde con dibujo de 12,7 x 6,4 cm. Pegarlo a lo largo del borde superior de la pieza deslizable. Cortar una tira de papel rosa con dibujo con una perforadora de bordes y colocarla detrás de una tira de papel de flores de 12,7 x 1,3 cm. Pegar esta tira a lo largo del borde inferior de la pieza deslizable. Con una perforadora, cortar una mariposa de papel color naranja con dibujo y pegarla en la parte delantera de la tarjeta. Terminar la tarjeta dibujando con un rotulador negro unos trazos, a modo de saltos, en la parte de la tarjeta que queda visible cuando la lengüeta está completamente fuera, tal como se muestra en la fotografía de la página 70.

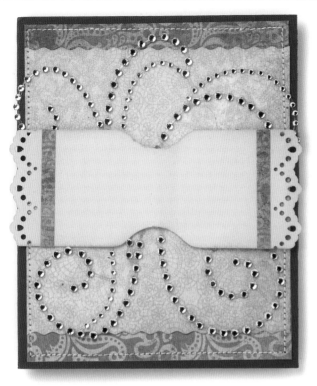

Diseñada por Lisa Dorsey

Tarjeta con un broche en forma de flor para el Día de la madre

Casi se pueden oler las rosas de esta tarjeta para el Día de la madre. La nuestra se emocionará al saber que la bonita rosa de fieltro de la parte delantera es también un broche.

Instrucciones básicas

1. Hacer una base de tarjeta de cartulina roja, de 21,6 x 14 cm (esta tarjeta se dobla).
2. Cortar un trozo de papel azul con dibujo de 10,2 x 12,7 cm y pegarlo en la tarjeta.
3. Cortar un trozo de 10,2 x 11,4 cm de papel azul claro. Recortar los lados de 10,2 cm de esta pieza con las tijeras de corte decorativo y pegar la pieza en la tarjeta. Si se quiere, coser a máquina a lo largo de los bordes.
4. Pegar espirales de piedras brillantes autoadhesivas en la tarjeta.
5. Cortar una tira de 4,5 x 12 cm de cartulina amarilla. Con una perforadora de bordes, decorar los extremos cortos de la tira. Pegar en esa tira amarilla otras dos tiras de 4,5 cm x 6 mm de papel azul con dibujo, tal como se muestra en la fotografía de arriba. Pegar el trozo de cartulina amarilla en la tarjeta.
6. Cortar el fieltro rojo repujado con troqueles en forma de flor. Entintar los bordes de las flores de fieltro. (Ver los pasos 4-6 de la página 75).
7. Pegar juntas las flores troqueladas usando un pegamento para tela. Pegar una tachuela decorativa, un botón o cualquier otro adorno en el centro de la flor y pegar la flor en la tarjeta.

Materiales

- Cartulina
- Papel con dibujo
- Cizalla para papel
- Perforadora de bordes
- Perforadora de círculos
- Troqueles y máquina para troquelar
- Pegamento

- Pegamento para tela
- Tijeras de corte decorativo
- Espirales de piedras brillantes autoadhesivas
- Fieltro repujado
- Almohadilla de tinta
- Tachuela decorativa o botón

- Pistola de pegamento caliente
- Imperdible del broche
- Máquina de coser e hilo (optativo)
- Rotulador de gel blanco (optativo)

Instrucciones detalladas

Para comenzar:

Seguir los pasos 1-4 de las Instrucciones básicas. Realizar el paso 5, pero sin pegar la cartulina a la base.

1 Preparar el espacio para fijar el broche en forma de flor. Con una perforadora de círculos hacer una muesca en semicírculo a ambos lados del centro de la tira de cartulina amarilla.

2 Asegurarse de que el broche se puede introducir en la zona de la muesca. Recortar más la cartulina si es necesario.

3 Pegar la pieza de cartulina amarilla en la tarjeta, pero solo por los extremos, dejando el centro suelto.

4 Realizar el broche en forma de flor cortando con la máquina de troquelar tres flores de fieltro rojo, una grande, una mediana y una pequeña.

5 Unir las flores; ensartar el mayor número posible con la tachuela. No debemos preocuparnos si no se pueden ensartar todas.

6 Con pegamento caliente, fijar las flores restantes en la parte posterior de la tachuela.

7 Pegar la flor al imperdible del broche, también con pegamento caliente.

8 Fijar la flor en la tarjeta.

Tarjeta con marcador de libros para el Día de la madre

Diseñada por Lisa Dorsey

Una tarjeta de inspiración clásica para el Día de la madre es un regalo muy especial. Incluir un bonito marcador de libros en la parte delantera de la tarjeta. ¡Pensará en vosotros cada vez que lo utilice!

Instrucciones

1. Hacer una base de tarjeta de 12,7 x 18 cm de cartulina roja.

2. Cortar un trozo de papel rosa oscuro con dibujo de 11,4 x 17,5 cm.

3. Cortar un trozo de papel rosa claro con dibujo de 10,8 x 16,5 cm y pegarlo en el trozo de papel rosa oscuro con dibujo.

4. Cortar un trozo de cartulina de color crema de 6,4 x 10,8 cm y pegarlo en la parte inferior de la cartulina rosa claro. Cortar un trozo de cinta de encaje de 12,7 cm de largo y pegarlo en la zona donde coinciden la cartulina rosa claro y la de color crema. Si se desea, coser a máquina a lo largo de los bordes del papel rosa claro con dibujo.

5. Pegar el papel con dibujo y el trozo de cinta de encaje a la base de tarjeta.

6. Imprimir un motivo clásico sobre la cartulina blanca y cortarla en forma de etiqueta con la máquina de troquelar o a mano. Pegar la etiqueta sobre cartulina roja y recortar esta con la forma de la etiqueta, dejando que sobresalga un reborde rojo. Pegar esta pieza en la tarjeta.

7. Para el marcador, cortar un trozo de cartulina roja de 5 x 13,3 cm y pegarla a la tarjeta.

8. Cortar un trozo de papel de flores de 4,5 x 12,7 cm y pegarlo en el rectángulo de cartulina roja.

9. Decorar la tarjeta con flores, botones, cintas y perlas.

10. Para el marcador, cortar una tira de cartulina roja de 3,8 x 1,3 cm, cubrirla con papel de dibujo y adornarla con cinta de encaje y un lazo.

Materiales

- Cartulina
- Papel con dibujo
- Flores de papel
- Cizalla para papel
- Troquel
- Perforadora
- Almohadillas de tinta
- Pegamento
- Cinta de encaje
- Tijeras y cúter
- Motivo clásico
- Botones
- Cinta y perlas
- Rotulador de gel blanco
- Puntos adhesivos
- Máquina de coser e hilo (optativo)

Instrucciones detalladas

1 Hacer la base de tarjeta y decorarla tal como se indica en las Instrucciones básicas. Hacer un bolsillo para el marcador de libros: cortar un trozo de papel con dibujo de 5 x 12,7 cm y pegarlo sobre cartulina roja. Aplicar pegamento en todos los bordes, excepto en el superior.

2 Pegar el bolsillo en la parte delantera de la tarjeta.

3 Hacer un marcador de libros cortando un trozo de cartulina roja de 3,8 x 14 cm. Decorar el marcador e introducirlo dentro del bolsillo.

4 Con un rotulador de gel blanco dibujar falsas puntadas a lo largo de tres lados del bolsillo.

Tarjeta deslizable con monedas béisbol para el Día del padre

Diseñada por Kimber McGray

¡Vamos a jugar a la pelota y a celebrar el Día del padre con una tarjeta tan estupenda como papá! Le dejará fuera de combate en el polideportivo.

Materiales

- Cartulina Kraft
- Cartulina blanca
- Papel con dibujo
- Cizalla para papel
- Monedas
- Perforadora para redondear esquinas
- Perforadora de bordes
- Perforadora de círculos
- Pegamento
- Gomaespuma adhesiva
- Cordel y botones
- Sello y tinta
- Máquina de coser e hilo
- Lápiz y cúter

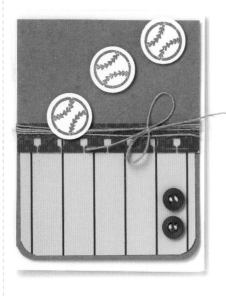

Instrucciones básicas

1. Comenzar con una base de tarjeta de 21,6 x 14 cm de cartulina blanca (esta tarjeta se dobla).

2. Cortar un trozo de cartulina Kraft de 12,7 x 9,5 cm y redondear las esquinas inferiores con una perforadora para redondear esquinas.

3. Cortar un trozo de papel de rayas de 9 x 6,4 cm, redondear las esquinas inferiores como en el paso 2 y pegarlo en la cartulina Kraft.

4. Cortar una tira de papel rojo con dibujo de 9,5 x 1,3 cm, decorarla con una perforadora de bordes y pegarla a la cartulina Kraft.

5. Enrollar cordel alrededor de la cartulina Kraft y pegarla a la tarjeta con gomaespuma adhesiva.

6. Pegar en la tarjeta motivos de pelotas de béisbol recortados con una perforadora de círculos. Por último, decorar la tarjeta con unos botones.

Instrucciones detalladas

Las instrucciones para hacer esta tarjeta muestran otra forma de confeccionar una tarjeta deslizable con monedas (ver también las páginas 54 y 84), en la que el dibujo y la ranura para la pieza deslizable se hacen a mano. Al igual que las otras instrucciones para realizar deslizables con monedas, se recomienda seguir la mayoría de los pasos indicados en las Instrucciones básicas (excepto el paso 6), pero con unos añadidos.

Para comenzar:

Realizar estos pasos 1 y 2 después del paso 2 de las Instrucciones básicas y el paso 3 después del paso 5 de las Instrucciones básicas.

1 Comenzar con una tarjeta de 21,6 x 14 cm (esta tarjeta se dobla). Dibujar a lápiz un recorrido de 1,3 cm de ancho para la pieza giratoria en un trozo de cartulina Kraft de 9,5 x 12,7 cm. Recortar el recorrido con un cúter. Redondear las esquinas con una perforadora para redondear esquinas.

2 Cubrir el recorrido del deslizable colocando debajo otro trozo de 9,5 x 12,7 cm de cartulina del mismo color. Pegar con cuadrados de gomaespuma adhesiva. Decorar la parte delantera de la tarjeta con papel con dibujo y cordel.

3 Hacer el deslizable pegando dos monedas con un cuadradito de gomaespuma adhesiva y decorarlo con un motivo de pelota de béisbol. Introducir la pieza deslizable dentro de la ranura. Por último, pegar esta pieza en la parte delantera de la tarjeta.

Tarjeta con plegado de fantasía pesca para el Día del padre

Diseñada por Kimber McGray

Hermanaos con el agua y disfrutad de un tranquilo día de pesca. Esta sensación se puede simular con una tarjeta para el Día del padre que cualquier pescador de caña estaría encantado de atrapar.

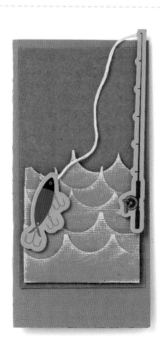

Instrucciones básicas

1. Hacer una base de tarjeta de cartulina azul de 7,6 x 15,2 cm.

2. Cortar un trozo de cartulina Kraft de 7 x 12,7 cm y pegarlo en la parte delantera de la tarjeta.

3. Cortar una tira de 2,5 x 31,8 cm de cartulina azul. Con una perforadora de círculos, crear "olas" a lo largo de uno de los bordes de la tira. Lijar los bordes de la tira con un bloque o con papel de lija.

4. Cortar la tira en cuatro trozos alargados de 6,4 cm. Colocar los trozos en capas y pegar unos a otros; después, pegar la pieza final a la cartulina Kraft.

5. Decorar la tarjeta con pegatinas de peces o con peces y una caña hechos con trocitos de cartón prensado; añadir un sedal de hilo de bordar.

Materiales

- Cartulina Kraft
- Cartulina
- Bloque de lija o papel de lija
- Cartón prensado
- Cizalla para papel
- Perforadora de círculos
- Pegamento
- Pegatinas
- Hilo de bordar
- Plegadera
- Cúter
- Adornos de metal

1 Cortar un trozo de cartulina azul de 28 x 15,2 cm y marcarlo con líneas de doblez a partir del borde izquierdo, a 7 cm, 14 cm y 21 cm.

2 Cortar un triángulo en la cartulina, comenzando aproximadamente a 5 cm del ángulo inferior izquierdo y continuando hasta unos 5 cm del ángulo superior derecho.

3 Con una perforadora de círculos de 2,5 cm hacer las olas a lo largo del borde cortado.

4 Suavizar los bordes de la cartulina con un bloque o papel de lija.

5 Doblar la cartulina a lo largo de los pliegues marcados para formar la tarjeta. Decorarla con una caña de pescar y un cebo. Para completar el adorno, colocar un trozo de hilo de bordar que salga de la caña hasta el cebo, tal como se muestra en la fotografía de la página 80.

Tarjeta de Halloween con calabaza de papel de panal

Diseñada por Kimber McGray

Dos alegres y originales materiales hacen que esta tarjeta de Halloween sea muy divertida. La cartulina de tiza permite crear una escena terrorífica o mostrar un mensaje inquietante y la calabaza de papel de panal alegra la composición.

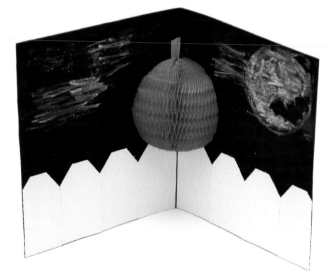

Instrucciones básicas

1. Cortar un trozo de cartulina de 10,2 x 23 cm y doblarlo en dos para formar una base de tarjeta de 10,2 x 11,4 cm.
2. Cortar una tira de 3,2 x 10,2 cm de cartulina blanca y cortar un extremo en diagonal. Pegar la tira en la parte delantera de la tarjeta.
3. Cortar una tira de cartulina de color naranja de 1,3 x 9 cm y cortar un extremo en diagonal. Pegar esta tira sobre la tira de cartulina blanca.
4. Cortar un trozo de cartulina de tiza de 7,6 x 5 cm y cortar las esquinas con una perforadora de etiquetas. Con un rotulador de gel blanco dibujar una línea a 6 mm de los bordes de la cartulina de tiza. Pegar esta cartulina en la tarjeta, encima de las tiras de cartulina blanca y naranja.
5. Por último, decorar con pegatinas en relieve o escribir un mensaje en la cartulina de tiza con un trozo de tiza.

Materiales

- Cartulina
- Cartulina de tiza
- Papel de panal
- Cizalla para papel
- Perforadora de etiquetas
- Pegamento
- Rotulador de gel blanco
- Pegatinas en relieve
- Murciélago troquelado
- Tiza
- Lápiz y tijeras

Instrucciones detalladas

Para comenzar:

Hacer la parte delantera de la tarjeta tal como se indica en las Instrucciones básicas. Pegar un trozo de cartulina de tiza, de 10,2 x 23 cm, en la parte interior de la tarjeta. Cortar ocho trozos de cartulina blanca de 2,5 x 4,5 cm. Recortar las esquinas tal como se ve en la fotografía de la página 82 (o utilizar una perforadora de etiquetas para realizar las estacas de la valla).

1 Dibujar un semicírculo sobre un trozo de papel de panal de color naranja, siguiendo las instrucciones del fabricante.

2 Cortar el semicírculo en el papel de panal.

3 Pegar un lado del semicírculo de papel de panal en el interior de la tarjeta, alineándolo con la marca de doblez del centro.

4 Pegar el otro lado del papel de panal en la parte interior de la tarjeta.

5 Dibujar con tiza una escena terrorífica encima de la cartulina. Pegar un murciélago troquelado de cartulina negra encima de una luna llena pintada a mano. Para hacer la valla, pegar las estacas a lo largo del borde inferior de la parte interior de la tarjeta.

Tarjeta de Halloween con araña giratoria

Diseñada por Nichol Magouirk

No hay que preocuparse, esta tarjeta de Halloween con araña ¡no asustará a los amigos! Reirán al ver los ojos móviles y saltones del animal, que además parecerá más inquieto cuando al inclinar la tarjeta, y gracias a una pieza giratoria deslizable, comience a dar vueltas por la tela de araña estampada.

Instrucciones básicas

1. Comenzar con una base de tarjeta de cartulina blanca de 14 x 21,6 cm.

2. Cortar un trozo de cartulina negra de 13,3 x 10,2 cm y estampar en ella una tela de araña con un sello apropiado y tinta blanca. Redondear las esquinas superiores de la cartulina con una perforadora para redondear esquinas de 1,3 cm.

3. Cortar una tira de papel pergamino de 2,5 x 13,3 cm y marcar en ella, con una plegadera, una línea de doblez a 3 mm de los bordes superior e inferior.

4. Pegar una cinta de sarga de color naranja en la parte superior de la tarjeta. Colocar el papel pergamino encima de la cinta y sujetarlo con grapas.

5. Pasar el cordel por un botón, anudarlo en un lazo y pegar el botón en la tira de papel pergamino.

6. Estampar una luna con tinta amarilla sobre cartulina blanca y recortar. Dibujar falsas puntadas sobre la luna con un rotulador de gel blanco.

7. Con tinta negra, estampar dos murciélagos y una araña sobre

cartulina blanca y colorearlos con rotuladores. Recortar los murciélagos y cortar la araña con una perforadora de círculos de 2,5 cm.

8. Perforar un círculo de cartulina gris de 3,2 cm. Pegar el círculo con la araña en el círculo gris.

9. Recortar con la perforadora un círculo festoneado de 3,8 cm de cartulina de color naranja y pegar el círculo de la araña encima. Pegar ojos móviles sobre la araña y pegar esta en la tarjeta con gomaespuma adhesiva.

10. Añadir piedras brillantes en la esquina inferior derecha de la tarjeta.

Materiales

- Cartulina
- Cartulina blanca
- Papel pergamino
- Cizalla para papel
- Perforadora para redondear esquinas
- Perforadora de círculos

- Sellos y almohadilla de tinta
- Plegadera
- Tablero para marcar dobleces
- Cinta de sarga
- Grapadora
- Cúter
- Botón
- Cordel

- Pegamento
- Rotuladores
- Rotulador de gel blanco
- Ojos móviles
- Gomaespuma adhesiva
- Piedras brillantes
- Máquina para troquelar
- Monedas

Instrucciones detalladas

Para comenzar:

Para realizar la versión con deslizable de monedas de esta tarjeta, se recomienda seguir los pasos que se indican en las Instrucciones básicas, pero con unos añadidos.

Se realizará el paso 1 de abajo después de recortar la cartulina negra, pero antes de estamparla.

Se realizará el paso 2 de abajo después del paso 2 o 3 de las Instrucciones básicas, pero antes del paso 4 de las mismas.

Se realizarán los pasos 3 y 4 de abajo después del paso 9 de las Instrucciones básicas.

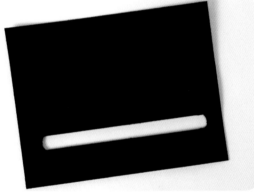

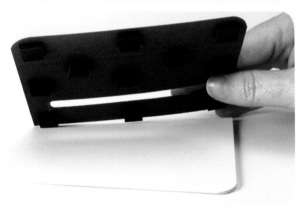

1 Con un programa de Silhouette, cortar una ranura para el deslizable en el trozo de cartulina negra. Esta ranura debe ser algo más ancha que el tamaño de la gomaespuma adhesiva, pero más estrecha que la moneda. Así, el deslizable se podrá mover fácilmente y la moneda no se saldrá de la ranura.

2 Después de decorar la parte delantera de la tarjeta, pegarla con gomaespuma adhesiva sobre la parte delantera de la base de la tarjeta.

3 Hacer un deslizable con monedas pegando dos monedas juntas con gomaespuma adhesiva.

4 Introducir la pieza con las dos monedas dentro de la ranura. Decorar la moneda de arriba con el dibujo estampado de una araña. Pegar ojos móviles en la araña estampada.

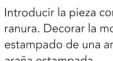

Celebraciones

¡Hay tantas cosas diferentes que celebrar en la vida! Desde hacer un viaje con amigos y familia, a demostrarles nuestro apoyo o bien ofrecerles nuestras felicitaciones por algún acontecimiento. Con estos detalles los seres queridos sabrán que nos importan y que los apoyamos en todas sus iniciativas.

En este capítulo os ayudaremos a celebrar los hitos de las vidas de vuestros seres queridos. Imaginad el orgullo que puede sentir vuestro nuevo conductor cuando reciba la preciosa Tarjeta animada con Vespa. Para los graduados tenemos una original tarjeta de felicitación que lanza un birrete al aire.

También podemos ayudar a unos novios a celebrar sus nupcias con una sorprendente tarjeta tarta de bodas de tres pisos que se despliega mostrando una tarjeta-regalo.

Para los recién nacidos podemos realizar una tarjeta que se abre mostrando un atractivo móvil de colgar, perfecto para el bebé de una amiga.

Y seguro que conocéis a alguien que está a punto de cumplir un aniversario importante. Nuestras tarjetas para celebrar el 25 y el 50 aniversario sorprenderán con sus destellos y, lo mejor de todo, ¡con el amor que hemos puesto en ellas!

Tarjeta tarta de boda y porta tarjetas-regalo

Diseñada por Kimber McGray

Una simple felicitación de boda decorada con una dulce tarta es una buena manera de agasajar a los recién casados en su día más importante. Imaginad su asombro al entregarles una tarjeta que simula una tarta de tres pisos y que al desplegarse muestra una tarjeta-regalo de su tienda favorita. Aparte de eso, les encantará la bonita sorpresa de recibir una felicitación hecha a mano.

Materiales

- Cartulina
- Cartón prensado
- Papel de lija
- Cizalla para papel
- Perforadora para redondear esquinas
- Perforadora para bordes
- Perforadora para círculos
- Maquina de coser e hilo
- Punzones de papel
- Pegamento
- Cintas
- Adornos de cartón prensado
- Perlas autoadhesivas
- Gomaespuma adhesiva
- Plegadera
- Cúter
- Tachuelas
- Puntos adhesivos

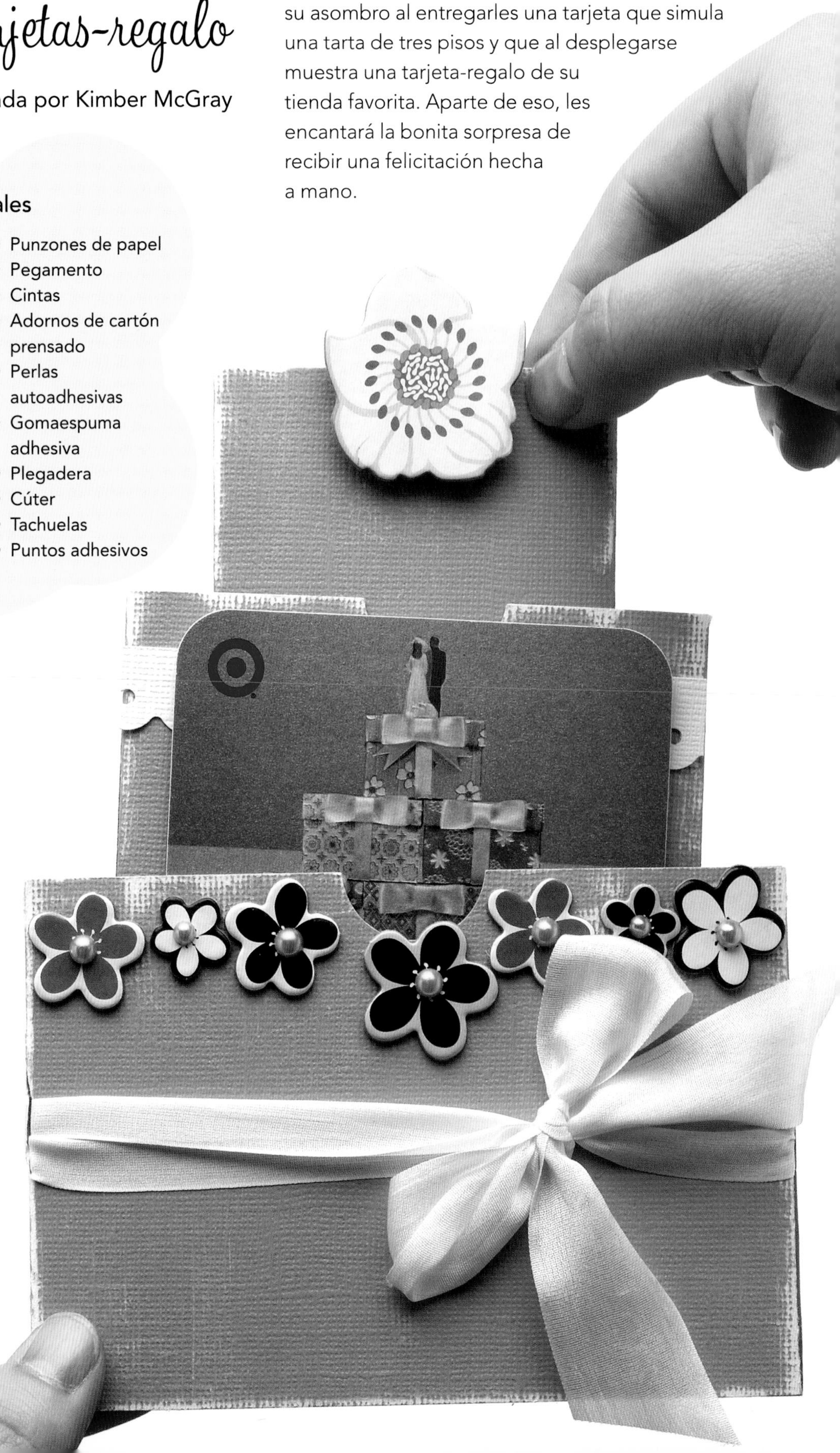

Instrucciones básicas

1. Comenzar con una base de 21,6 x 14 cm de cartulina blanca (esta tarjeta se dobla).
2. Coser a máquina un pespunte a 6 mm de distancia de todos los bordes.
3. Cortar tres trozos de cartulina gris de 9 x 5 cm, 8,3 x 3,8 cm y 7 x 3,8 cm. Redondear las esquinas superiores con una perforadora y lijar un poco los bordes de los tres trozos. Pegar las piezas juntas imitando la forma de una tarta de pisos.
4. Cortar una tira de cartulina blanca de 8,3 x 1,3 cm y festonear el canto con una perforadora de bordes. Pegar la tira al piso central de la tarta y recortar los bordes.
5. Enrollar una cinta alrededor del piso inferior y atarla con un lazo.
6. Pegar las flores de cartón prensado y las perlas para decorar la tarta.
7. Pegar la tarta ya adornada en la base de la tarjeta con gomaespuma adhesiva.

Instrucciones detalladas

1 Cortar tres trozos de cartulina gris: de 28 x 9 cm, 21,6 x 8,3 cm y 15,2 x 7 cm. Marcar unas líneas de doblez a partir del borde izquierdo, en el trozo más grande a 1,3 cm y 14,6 cm, en el trozo mediano a 1,3 cm y 11,4 cm y en el trozo pequeño a 1,3 cm y 8,3 cm.

2 En el panel central del trozo más grande cortar con un cúter una ranura de 2,5 cm a una distancia de 6,4 cm del borde inferior, encima de cada línea de doblez marcada. Más tarde, se introducirá cinta a través de estas ranuras.

3 En el panel central del trozo más grande hacer una muesca en forma de semicírculo de 1,3 cm situándola en el centro del borde superior y con una perforadora para círculos de 2,5 cm.

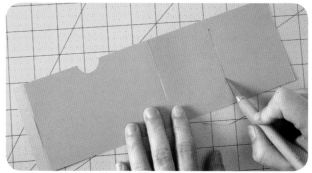

4 En el panel del extremo del trozo más grande cortar una ranura de 1,5 mm en el centro, comenzando a 1,3 cm del borde superior y terminando a 1,3 cm del borde inferior.

5 En el trozo más grande doblar por la línea de doblez a 1,3 cm para formar una solapa y pegarla a la cartulina; así se cierra este piso o bolsillo.

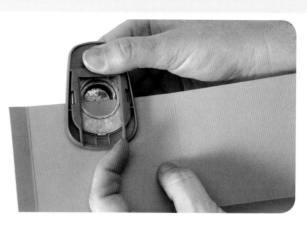

6 En el panel central del trozo mediano perforar un semicírculo de 1,3 cm en el centro del borde superior, con una perforadora de 2,5 cm.

7 En el panel del extremo del trozo mediano cortar en el centro una ranura de 1,5 mm, comenzando a 1,3 cm del borde superior y terminando a 1,3 cm del borde inferior.

8 En el panel del extremo del trozo mediano hacer un agujero pequeño en el centro del borde inferior, a 6 mm de distancia.

9 En el trozo mediano doblar por la línea de doblez a 1,3 cm para formar una solapa y pegarla a la cartulina; así se cierra este piso o bolsillo.

10 En el extremo del panel del trozo pequeño hacer un agujero pequeño en el centro del borde inferior, a 6 mm de distancia.

11 En el trozo pequeño doblar por la línea de doblez a 1,3 cm para formar una solapa y pegarla a la cartulina; así se cierra este piso o bolsillo.

12 Para montar la tarjeta, insertar la pieza mediana dentro de la pieza más grande.

13 Alinear las ranuras, insertar una tachuela dentro de la pieza más grande e introducirla por el agujero de la pieza mediana.

14 Desplegar la pieza mediana e insertar la pieza pequeña dentro de la mediana.

15 Alinear el agujero de la pieza pequeña con la ranura de la pieza mediana y poner una tachuela para sujetar los pisos.

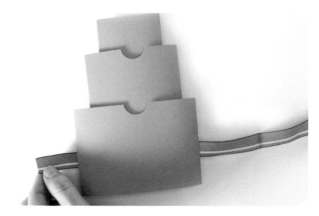

16 Con todas las piezas desplegadas, pasar una cinta por las ranuras del piso inferior, llevarla hasta la parte delantera y atarla con un lazo. Terminar de decorar la parte delantera de la tarjeta con cartulina blanca con bordes perforados, flores de cartón y perlas autoadhesivas.

Tarjeta desplegable con móvil para bebé

Diseñada por Kimber McGray

¿Alguien ha tenido un bebé? Esta fantástica tarjeta con móvil llenará de alegría a los nuevos padres cuando la reciban.

Materiales

- Cartulina
- Papel con dibujo
- Cizalla para papel
- Perforadora de agujeros, de estrella y de bordes
- Perforadora para redondear esquinas
- Pegamento
- Botones
- Lápiz
- Cúter
- Adornos de fieltro
- Hilo de bordar

Instrucciones básicas

1. Hacer una base de tarjeta de 21,6 x 14 cm de cartulina blanca (esta tarjeta se dobla).
2. Cortar un trozo de papel con dibujo de 10,2 x 13,3 cm y pegarlo a la tarjeta.
3. Festonear uno de los cantos largos de una tira de cartulina blanca de 2,5 x 10,2 cm y pegarla en el borde superior de la parte delantera.
4. Cortar un trozo de cartulina blanca de 2,5 x 3,8 cm, redondear dos de las esquinas y pegarlo en la esquina inferior derecha de la tarjeta.
5. Adornar la tarjeta con una estrella de cartulina azul cortada con la perforadora y unos botones.

Instrucciones detalladas

Para comenzar:

Hacer la parte delantera de la tarjeta según las Instrucciones básicas.

1 Cortar un trozo de papel con dibujo de 6 mm x 21 cm y doblarlo por la mitad. Será el revestimiento interior de la tarjeta. Dibujar una tira rectangular sobre el borde doblado, marcando el papel a una distancia de 2,5 cm y 3,8 cm del borde superior. La tira debe medir 5 cm de largo. Desplegar el papel y cortar solo por los bordes alargados de la tira.

2 Pegar un trozo de cartulina blanca de 1,3 x 10,2 cm encima de la tira desplegable.

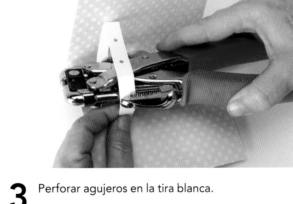

3 Perforar agujeros en la tira blanca.

4 Pegar el revestimiento en la parte interior de la base de la tarjeta.

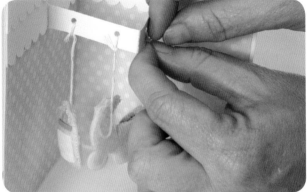

5 Atar adornos de bebé a través de los agujeros en la tira desplegable. Terminar de decorar el interior de la tarjeta pegando tiras de papel festoneado en el borde superior de la tarjeta.

Porta tarjetas-regalo nuevo hogar

Diseñada por Kelly Goree

Mudarse a una nueva casa es algo emocionante. Envíad una tarjeta personalizada para felicitar al nuevo propietario. La versión de fantasía contiene una tarjeta-regalo. ¡No hay que olvidarse de adornar la puerta principal, las ventanas y las jardineras de la casa!

Instrucciones básicas

1. Hacer una base de tarjeta de 11,4 x 11,4 cm de cartulina blanca.

2. Cortar un trozo de papel con dibujo de rayas de 11,4 x 11,4 cm y pegarlo en la base de la tarjeta.

3. Con la plantilla de la página 136, recortar un tejado de papel marrón con dibujo. Festonear el borde inferior del tejado y pegarlo a la tarjeta, alineando el borde superior de las dos piezas.

4. Cortar un trozo de cartulina blanca de 3,8 x 5,4 cm. Cortar un trozo de papel amarillo con dibujo de 3,2 x 5 cm. Pegar el papel amarillo en la cartulina blanca y pegar esta pieza en la tarjeta.

5. Perforar de forma decorativa el borde de una tira de cartulina verde de 11,4 x 1,3 cm y pegarla al borde inferior de la tarjeta.

6. Hacer las ventanas cortando dos trozos de 2 x 4,5 cm y un trozo de 2 x 2 cm de papel azul con dibujo.

7. Pegar las ventanas sobre cartulina blanca y recortar de modo que sobresalga un borde blanco alrededor.

8. Pegar las ventanas grandes a ambos lados de la puerta.

Reservar la ventana más pequeña.

9. Pegar una tira pequeña de cartulina blanca de 3 cm x 3 mm en la parte superior de cada una de las ventanas grandes.

10. Pegar un trozo de 3 x 1,3 cm de cartulina blanca en el borde inferior de las ventanas grandes para imitar jardineras.

11. Cortar una tira de papel con dibujo de 3,8 x 4,5 cm. Cortar un extremo en forma triangular y pegarla al tejado con gomaespuma adhesiva. Pegar la ventana azul de 2 x 2 cm al cuadrado de papel con dibujo.

12. Festonear una tira de cartulina blanca de 7,6 cm x 6 mm, cortarla por la mitad y pegarla encima de la ventana del tejado.

13. Decorar la tarjeta con rotuladores, barniz de relieve, tachuelas y pegatinas, según se desee. **(Ver la tarjeta básica en la página 86.)**

Instrucciones detalladas

Materiales

- Cartulina
- Papel con dibujo
- Cizalla para papel
- Perforadora de bordes
- Lápiz y cúter
- Pegamento
- Gomaespuma adhesiva
- Rotuladores
- Barniz de relieve
- Pegatinas
- Tachuelas decorativas

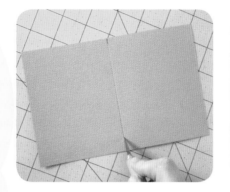

1 Con la plantilla de la página 136 cortar la base de la tarjeta en cartulina. Con un cúter cortar una ranura encima del pliegue, dejando en los bordes un trozo de 6 mm sin cortar.

2 Cortar una ranura en otra cartulina con la plantilla de la página 136.

3 Introducir la T por la ranura de la base de la tarjeta, de modo que quede en el interior de esta, tal como se muestra.

4 Pegar los bordes de la tarjeta, encajando la T dentro y fijando la pieza deslizable.

5 Con la plantilla de la página 136 recortar la forma de un tejado en la cartulina.

6 Pegar el extremo libre del mecanismo deslizable dentro del tejado. Tirando del tejado se sube la pieza deslizable.

7 Desplegar la pieza deslizable y colocar en el centro una tarjeta-regalo. Con un lápiz, dibujar ranuras para introducir las esquinas de la tarjeta-regalo.

8 Con un cúter cortar las ranuras dibujadas. Decorar la tarjeta de acuerdo con las Instrucciones básicas.

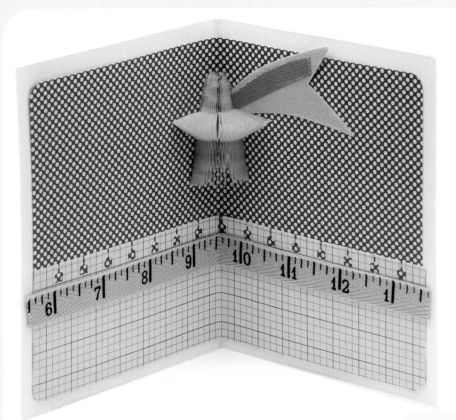

Tarjeta de felicitación con estrellas de papel de panal

Diseñada por Kimber McGray

Reconocer los logros de un niño es muy importante. Conviene animarles a alcanzar las estrellas y hacerles saber que se puede conseguir todo lo que se desee.

Materiales

- Cartulina
- Papel con dibujo
- Papel de panal
- Cizalla para papel
- Perforadora de bordes y de estrella
- Perforadora para redondear esquinas
- Pegamento
- Cinta de sarga
- Anilla de metal
- Etiqueta
- Gomaespuma adhesiva
- Lápiz y tijeras

Instrucciones básicas

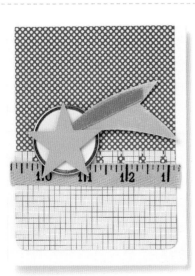

1. Hacer una base de tarjeta de 21,6 x 14 cm de cartulina (esta tarjeta se dobla).

2. Cortar un trozo de papel azul con dibujo de 9,5 x 12,7 cm y pegarlo en la parte delantera de la tarjeta.

3. Cortar un trozo de papel de cuadros de rejilla de 9,5 x 5,7 cm. Decorar el borde con una perforadora para bordes y redondear las esquinas inferiores con una perforadora para redondear. Pegar el papel en la tarjeta, alineándolo con el borde inferior del papel azul con dibujo.

4. Pegar en la tarjeta un trozo de 9,5 cm de cinta de sarga.

5. Pegar una anilla de metal en la tarjeta, con gomaespuma adhesiva.

6. Recortar una estrella de cartulina amarilla. Con las plantillas de la página 136, recortar las colas de la estrella de cartulina amarilla y de color naranja. Pegar las colas en la parte posterior de la estrella.

7. Pegar la estrella a la anilla de metal y esta a la tarjeta, con gomaespuma adhesiva.

Instrucciones detalladas

Para comenzar:

Seguir las Instrucciones básicas para hacer la parte delantera de la tarjeta. Cortar un trozo de papel azul con dibujo de 20,3 x 9 cm. Redondear las esquinas con una perforadora para redondear y pegar el papel en la parte interior de la tarjeta. Cortar un trozo de papel con dibujo de rejilla de 20 x 5 cm. Decorar el borde superior con una perforadora de bordes y redondear las esquinas inferiores. Pegarlo en la parte interior de la tarjeta. Pegar un trozo de 20 cm de cinta de sarga encima de la zona donde se juntan los dos papeles.

1 Recortar una estrella de un retal de papel. Cortarla por la mitad. Trazar una línea alrededor sobre un trozo de papel de panal, siguiendo las instrucciones del fabricante.

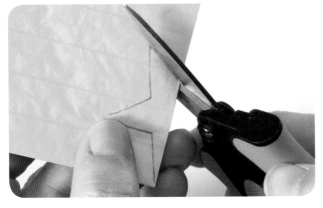

2 Recortar la estrella del papel de panal.

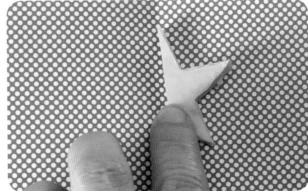

3 Pegar un lado de la estrella de papel de panal en la parte interior de la tarjeta, a lo largo del pliegue del centro.

4 Pegar el otro lado de la estrella de papel de panal a la tarjeta.

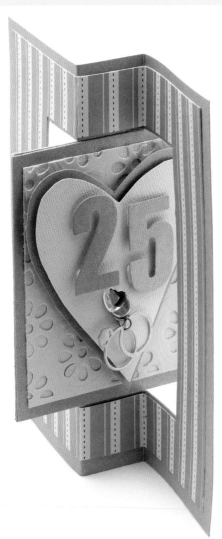

Tarjeta animada
25 aniversario

Diseñada por Kimber McGray

Es una buena manera de agasajar a la feliz pareja por sus veinticinco años de matrimonio con esta bonita tarjeta animada y decorada con símbolos representativos de aquel día especial de hace muchos años.

Materiales

- Cartulina
- Papel con dibujo
- Cizalla para papel
- Troqueles y máquina de troquelar
- Perforadora
- Pegamento
- Gomaespuma adhesiva
- Anillas de metal
- Tachuela
- Piedras brillantes
- Plegadera
- Lápiz y cúter

Instrucciones básicas

1. Hacer una base de tarjeta de 21,6 x 14 cm de cartulina plateada (esta tarjeta se dobla).
2. Cortar un trozo de papel con dibujo de rayas de 9,5 x 12,7 cm y pegarlo en la tarjeta.
3. Cortar un trozo de cartulina blanca de 7,6 x 10,2 cm y pegarla sobre el papel con dibujo con gomaespuma adhesiva.
4. Cortar un trozo de papel calado de 7,6 x 10,2 cm y pegarlo encima del trozo de cartulina blanca.
5. Cortar con la máquina de troquelar un corazón de cartulina gris de 7,6 cm y otro de cartulina blanca de 7 cm. Pegarlos juntos.
6. Cortar con la máquina de troquelar el número 25 de cartulina plateada y pegarlo en la parte delantera del corazón con gomaespuma adhesiva.
7. Con una tachuela, fijar una anilla al corazón. Cubrir la tachuela con una piedra brillante transparente en forma de corazón. Pegar el corazón en la tarjeta con gomaespuma adhesiva.

Instrucciones detalladas

1 Cortar un trozo de cartulina plateada de 14 x 16 cm. A partir del borde izquierdo, marcar unas líneas de doblez a 6,4 y 9 cm de distancia.

2 Con un lápiz trazar líneas a 2,5 cm de los bordes superior e inferior y a 3,8 cm de los bordes derecho e izquierdo (dejando 2,5 cm en el medio). Así se forma en el centro de la tarjeta un rectángulo de 7,6 x 9 cm (dejando 2,5 cm en el medio). Con un cúter cortar a lo largo de todas las líneas de lápiz, excepto de las que cortan el pliegue central de 2,5 cm.

3 Doblar a lo largo de las líneas marcadas en direcciones opuestas para formar la pieza animada.

4 Cortar dos trozos de cartulina de 7,6 x 9 cm y pegarlos en la parte delantera y trasera de la pieza animada. Decorar la tarjeta tal como se indica en las Instrucciones básicas.

Vista de la parte posterior de la tarjeta.

Tarjeta plegable de fantasía para un bebé

Diseñada por Kimber McGray

¡Azúcar y especias y todo rico! Esta tarjeta repujada es una buena manera de felicitar a los dichosos padres y dar la bienvenida a su bebé.

Materiales

- Cartulina
- Papel con dibujo
- Papel de lija
- Cizalla para papel
- Perforadora de bordes
- Perforadora en forma de corazón
- Pegamento
- Gomaespuma adhesiva
- Tijeras de corte decorativo
- Adornos con temas de bebé niña
- Plegadera

Instrucciones básicas

1. Hacer una base de 21,6 x 14 cm de cartulina blanca (esta tarjeta se dobla).
2. Festonear el borde derecho de la base de la tarjeta con una perforadora de bordes o unas tijeras de corte decorativo.
3. Cortar un trozo de cartulina repujada de 10,2 x 14 cm. Lijar un poco la cartulina y pegarla en la tarjeta.
4. Cortar un corazón con la perforadora en un trozo de cartulina blanca y pegarlo en la tarjeta con gomaespuma adhesiva.
5. Pegar en el corazón adornos de bebé niña.

Instrucciones detalladas

1 Cortar un trozo de cartulina rosa de 14 x 26 cm. A partir del borde izquierdo, marcar líneas de doblez a una distancia de 3,8 cm, 7,6 cm, 11,4 cm y 15,2 cm.

2 Doblar a lo largo de las líneas marcadas para formar un pliegue en acordeón.

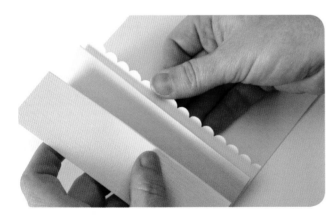

3 Cortar dos trozos de cartulina blanca de 4,5 x 14 cm. Decorar un borde de 14 cm de cada una de las piezas con una perforadora de festones o cortando con unas tijeras de corte decorativo. Pegar las tiras en los bordes interiores de los dos primeros pliegues en acordeón.

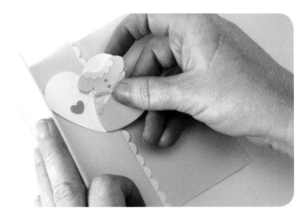

4 Recortar con la perforadora unos corazones de cartulina blanca y decorarlos con pegatinas con temas de bebé niña. Pegar los corazones dentro de los pliegues en acordeón y encima de la pieza posterior.

Tarjeta desplegable para graduación

Diseñada por Kimber McGray

¡Divulgad la alegría y el orgullo por la graduación! Con un pequeño tirón de los lados de esta tarjeta de fantasía, se lanza al aire un birrete. Hacedla muy especial personalizando la tarjeta con los colores de vuestra universidad.

Materiales

- Cartulina
- Cizalla para papel
- Perforadora en forma de estrella
- Lápiz y cúter
- Pegamento
- Adornos relacionados con la graduación
- Plegadera

Instrucciones básicas

1. Hacer una base de tarjeta de 14 x 21,6 cm de cartulina blanca (esta tarjeta se dobla).
2. Trazar a mano un arco sobre un trozo de cartulina azul de 14 cm de ancho. Recortar el arco y cubrirlo con cartulina amarilla. Pegar la pieza en la tarjeta.
3. Decorar la tarjeta con estrellas de cartulina amarilla cortadas con la perforadora y con adornos de temas relacionados con la graduación.

Instrucciones detalladas

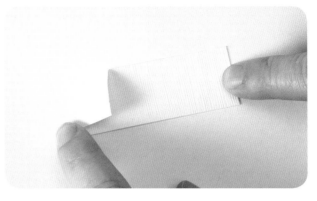

1 Cortar dos trozos de cartulina de 10,8 x 17,8 cm. A partir del borde izquierdo, hacer unas marcas de doblez a 2,5 cm y 5 cm de distancia y doblar a lo largo de las mismas.

2 Hacer la pieza desplegable: cortar una tira de cartulina de 2,5 x 7,6 cm. Doblarla formando un triángulo de 2,5 cm de lado en un extremo de la tira para confeccionar una solapa.

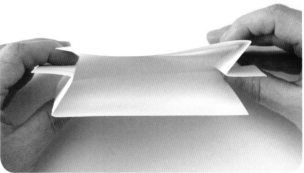

3 Pegar la solapa al segundo pliegue de uno de los trozos de cartulina, a 1,3 cm de distancia del borde superior de la cartulina.

4 Pegar juntas las piezas delantera y posterior, tal como se indica.

5 Pegar adornos relacionados con la graduación en la pieza desplegable. Decorar la parte delantera de la tarjeta de acuerdo con las Instrucciones básicas.

Tarjeta con plegado de acordeón nuevo hogar

Diseñada por Kimber McGray

Personalizad la casa de esta tarjeta para que se parezca a la nueva casa de una amiga o de un miembro de la familia. Después, decorad la escena con árboles y césped y situad la casa dentro de los dobleces de esta original tarjeta plegada en acordeón.

Materiales

- Cartulina Kraft
- Papel con dibujo
- Formas de cartón corrugado
- Cizalla para papel
- Perforadora para redondear esquinas
- Perforadora de círculos
- Pegamento y cúter
- Formas troqueladas
- Almohadillas de tinta
- Gomaespuma adhesiva
- Plegadera

Instrucciones básicas

1. Hacer una base de tarjeta de 21,6 x 14 cm de cartulina Kraft (esta tarjeta se dobla).

2. Cortar un trozo de papel azul con dibujo de 10,2 x 10,2 cm, redondear las esquinas superiores con una perforadora y pegarlo en la base de tarjeta.

3. Cortar un trozo de papel verde con dibujo de 10,2 x 6,4 cm, hacer flecos en el canto superior imitando la hierba y pegarlo en la tarjeta.

4. Cortar un trozo de papel amarillo con dibujo de un tamaño algo más pequeño que la casa de cartón corrugado. Recortar y retirar las formas de las ventanas y de la puerta y pegar el papel amarillo a la parte posterior de la casa.

5. Entintar la puerta de entrada con tinta roja y volver a pegarla en su lugar. Pegar la casa en la parte delantera de la tarjeta con gomaespuma adhesiva.

6. Cortar a mano un camino de papel Kraft y pegarlo en la parte delantera de la tarjeta, desde la puerta hasta el borde inferior de la tarjeta.

7. Con la perforadora, cortar un círculo de papel con dibujo de 3,8 cm. Pegar un tronco de árbol troquelado en la cara delantera del círculo y pegar el árbol en la tarjeta con gomaespuma adhesiva.

Instrucciones detalladas

1 Cortar un trozo de cartulina Kraft de 14 x 29,2 cm. A partir del borde izquierdo, hacer marcas de doblez a una distancia de 10,8 cm, 12 cm, 13,3 cm, 14,6 cm, 16 cm, 17,2 cm y 18,4 cm.

2 Doblar a lo largo de las líneas marcadas para obtener una base de tarjeta de 14 x 10,8 cm.

3 Pegar juntos los pliegues solo por los extremos.

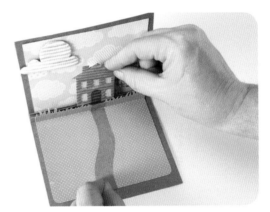

4 Decorar el interior de la tarjeta con papel con dibujo y pegar los adornos hechos antes en la parte interior de los pliegues en acordeón.

Por último:
Se puede decorar la parte delantera de la tarjeta con papeles con dibujo, imitando el cielo, el césped y demás.

Tarjeta con deslizable Vespa

Diseñada por Kimber McGray

¡Broom, broom…! ¡Señores, arrancad el motor! Celebrad el ritual de la mayoría de edad y de la compra del primer coche o de la obtención del carné de conducir con esta tarjeta deslizable.

Materiales

- Cartulina
- Cizalla para papel
- Perforadora para redondear esquinas
- Sellos de caucho
- Almohadillas de tinta
- Rotuladores
- Rotulador de gel blanco
- Pegamento
- Regla
- Lápiz y cúter
- Gomaespuma adhesiva
- Plegadera

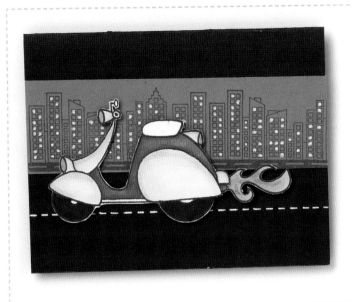

Instrucciones básicas

1. Hacer una base de tarjeta de 21,6 x 14 cm de cartulina negra (esta tarjeta se dobla).

2. Cortar una tira de cartulina gris de 5 x 14 cm. Estampar la imagen de una ciudad con tinta negra y colorear las ventanas de forma aleatoria con un rotulador de gel blanco. Pegar esta tira en la tarjeta.

3. Con una regla y un rotulador de gel blanco dibujar líneas de trazos sobre la tarjeta negra, imitando las líneas de la carretera.

4. Con la plantilla de la página 138, dibujar una Vespa de cartulina blanca, colorearla con rotuladores y recortarla. Pegar la Vespa a la tarjeta con gomaespuma adhesiva.

Instrucciones detalladas

1 Hacer una base de tarjeta de 21,6 x 14 cm de cartulina negra (esta tarjeta se dobla) y reservarla. Después cortar un trozo de cartulina negra de 12 x 28,6 cm. Marcar líneas de doblez a 6 mm de distancia de los dos bordes largos y de uno corto. En el otro lado corto hacer una marca a 14 cm del borde.

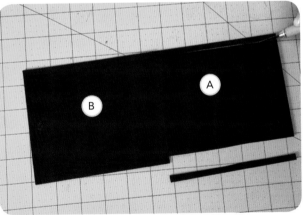

2 Con un cúter recortar la pieza marcada a 6 mm del panel A.

3 Con un cúter recortar las esquinas del panel B.

4 Hacer una plantilla rectangular de 2 x 12,7 cm. Colocarla sobre el panel B, a 1,3 cm de distancia del borde inferior y bien centrada. Trazar una línea a lápiz alrededor de la plantilla.

5 Con un cúter recortar el rectángulo.

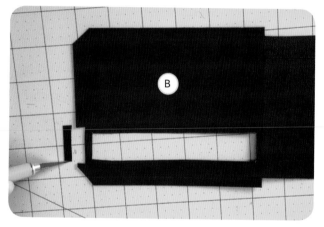

6 Con el cúter recortar una muesca de 2,5 cm del borde izquierdo, al lado de la abertura rectangular, para la lengüeta deslizable.

7 Hacer la pieza deslizable con un trozo de cartulina negra de 10,2 x 14,6 cm. El tope de la izquierda tiene 2,5 cm de ancho y la pieza deslizable tiene también 2,5 cm. Recortar 6 mm del borde inferior y 7 cm del borde superior.

8 Redondear las esquinas de la pieza deslizable con una perforadora para redondear esquinas.

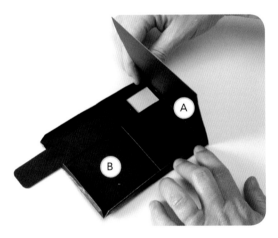

9 Doblar todas las piezas marcadas y poner pegamento en las solapas de 6 mm. Introducir la pieza deslizable en la muesca. Cerrar y pegar.

10 Con la plantilla de la página 138, dibujar una Vespa de cartulina blanca, colorearla con rotuladores y recortarla. Pegar la Vespa en la pieza deslizable con gomaespuma adhesiva.

Por último:

Pegar la parte deslizable de la tarjeta en la base de esta última. Decorar la tarjeta siguiendo los pasos 2 y 4 de las Instrucciones básicas. Con una regla y un rotulador de gel blanco dibujar líneas de trazos encima de la pieza deslizable y detrás de esta.

Tarjeta con desplegable 50 aniversario realizada con la Sizzix

¡Las bodas de oro merecen celebrarse! Esta bonita tarjeta honra a la feliz pareja por su gran éxito.

Diseñada por Kimber McGray

Materiales

- Cartulina
- Cizalla para papel
- Perforadoras en forma de corazón y de bordes
- Punzones
- Troqueles y máquina de troquelar
- Máquina de coser e hilo
- Pegamento
- Cinta
- Gomaespuma adhesiva

Instrucciones básicas

1. Hacer una base de tarjeta de 21,6 x 14 cm de cartulina blanca (esta tarjeta se dobla).

2. Cortar un trozo de cartulina rosa brillante de 9,5 x 12,7 cm.

3. Cortar dos trozos de cartulina blanca brillante de 5 x 12,7 cm y dos de cartulina roja brillante de 3,8 x 12,7 cm. Festonear el borde largo en los dos trozos.

4. Colocar los trozos de cartulina blanca brillante encima del de cartulina rosa brillante; después, colocar los de cartulina roja brillante sobre los de cartulina blanca brillante. Coser a máquina por el borde superior de cada cartulina roja brillante, atravesando las tres capas. Pegar la cartulina rosa brillante a la base de tarjeta.

5. Cortar un trozo de cartulina blanca brillante de 6,4 x 10,2 cm y recortar las esquinas para imitar una etiqueta. Hacer un agujero pequeño en la parte de arriba. Pasar por él una cinta, anudarla con un lazo y pegar la etiqueta en la tarjeta con gomaespuma adhesiva.

6. Cortar con troqueladora el número 50 de cartulina dorada brillante y pegarlo en la etiqueta con gomaespuma adhesiva.

7. Cortar dos grupos de corazones de cartulina roja y rosa brillantes. Pegarlos unos a otros, tal como se muestra en la fotografía de arriba, y después pegar los corazones en la etiqueta con gomaespuma adhesiva.

Instrucciones detalladas

Para comenzar:
Seguir los pasos 1-4 de las Instrucciones básicas.

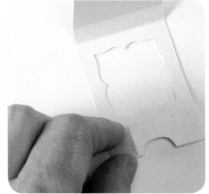

1 Introducir un trozo de cartulina blanca de 14 x 21,6 cm en la máquina de troquelar Sizzix Big Shot para confeccionar la etiqueta desplegable.

2 Desplegar las piezas cortadas con la troqueladora. Empezar por la pieza que tiene una ventana. Doblarla por las líneas marcadas y después cerrar y pegar las solapas para formar una cinta en un extremo.

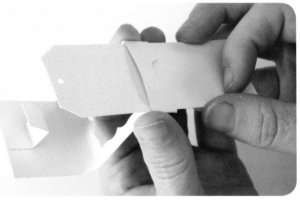

3 Pegar la pieza de la pestaña, suelta por tres lados, a la zona perforada.

4 Introducir la etiqueta plana dentro de la cinta de la pieza con la ventana.

5 Pegar las piezas de la etiqueta cortadas en V con la pestaña de la etiqueta plana mirando hacia abajo.

6 Pegar el adorno en forma de corazón a la pestaña de tres lados (ver el paso 7 de las Instrucciones básicas).

7 Colocar plana la pieza desplegable y pegar un número 50 dorado en la ventana. Utilizar gomaespuma adhesiva para pegar el adorno desplegable en la tarjeta.

5

Para cualquier ocasión

Algunas veces únicamente se necesita una simple tarjeta para decirle a una amiga que pensamos en ella, o para dar las gracias a una vecina por ayudarnos. Este capítulo está lleno de este tipo de tarjetas que no solo expresan nuestra gratitud, sino que también alegran al destinatario.

Por ejemplo, la tarjeta con espiral y mariposa cobra vida y nos sorprende cuando se abre. También hay molinetes que giran con la brisa y tarjetas sonajero hechas a mano, llenas de mariposas, flores y abalorios.

¿Tenemos un amigo aficionado a las aves? Aquí encontraremos tarjetas que le cautivarán. Hay tantas maneras diferentes de animar a las personas que queremos que no podéis perderos este capítulo, porque está repleto de ideas que se pueden utilizar una y otra vez para decirles a nuestros seres queridos que están en nuestro corazón a pesar de la distancia.

Tarjeta con molinete

Diseñada por Kimber McGray

No hay nada que exprese mejor la alegría de la infancia que un molinete girando con una brisa ligera. Podemos compartir esos recuerdos con un amigo enviándole esta original y divertida tarjeta.

Materiales

- Cartulina Kraft
- Papel con dibujo
- Cizalla para papel
- Perforadora para redondear esquinas
- Pegamento
- Gomaespuma adhesiva
- Cinta y monedas
- Puntos adhesivos
- Brocheta de madera
- Chincheta o punzón de papel
- Tachuela
- Lápiz y cúter

Instrucciones básicas

1. Hacer una base de tarjeta de 21,6 x 14 cm de cartulina Kraft (esta tarjeta se dobla).
2. Cortar un trozo de papel azul con dibujo de 10,2 x 10,2 cm y redondear las esquinas superiores con una perforadora.
3. Cortar un trozo de papel verde con dibujo de 10,2 x 6,4 cm y hacer flecos en el borde superior imitando hierba.
4. Pegar el papel verde con dibujo sobre el papel azul con dibujo, de modo que se obtenga un trozo de papel de 10,2 x 13,3 cm.

Pegar esta pieza en la base de tarjeta con gomaespuma adhesiva.

5. Pasar un trozo de cinta blanca por detrás del papel verde con dibujo y atarlo con un lazo.
6. Seguir los pasos 1-4 de las Instrucciones detalladas para hacer un molinete. Pegarlo en la tarjeta con un punto adhesivo.
7. Cortar una brocheta de madera a una longitud de 7,6 cm y pegarla en la tarjeta con puntos adhesivos, situándola debajo del molinete.

Instrucciones detalladas

Para comenzar:
Hacer una base de tarjeta de 21,6 x 14 cm de cartulina Kraft y reservarla.

1 Para hacer el molinete, cortar un trozo de papel con dibujo de 7,6 x 7,6 cm. Cortar desde las esquinas hacia el centro dejando un trozo sin cortar de 1,3 cm.

2 Doblar cada una de las esquinas sobre el centro.

3 Con una chincheta o un punzón de papel, hacer un agujero en el centro que atraviese las cinco capas.

4 Fijar las capas con una tachuela.

5 Cortar un trozo de papel con dibujo de 10,2 x 7,6 cm. Colocar una moneda en el centro y trazar una línea alrededor.

6 Cortar por dentro del círculo dibujado con un cúter.

7 Pegar el papel con dibujo a la base de tarjeta con dos capas de gomaespuma adhesiva.

8 Poner una moneda debajo del agujero y pegar otra encima con gomaespuma adhesiva.

9 Pegar el molinete a la pieza de monedas giratoria con un punto adhesivo.

Por último:
Decorar la tarjeta tal como se muestra en las Instrucciones básicas.

Tarjeta sonajero con mariposa

Diseñada por Lily Jackson

Las mariposas son símbolos de amistad y amabilidad. Esta mariposa, recortada a mano por Lily, es sencillamente preciosa y la versión con sonajero le da un toque original y divertido.

Materiales

- Cartulina Kraft
- Papel con dibujo
- Cizalla para papel
- Cortador de círculos
- Almohadilla para sellos de caucho
- Pegamento
- Cordel
- Perla autoadhesiva
- Gomaespuma adhesiva
- Acetato
- Sello de caucho
- Tijeras
- Purpurina o micropartículas brillantes
- Tapa de plástico

Instrucciones básicas

1. Hacer una base de tarjeta de 10,8 x 10,8 cm de cartulina Kraft.

2. Estampar una mariposa con tinta marrón y un sello de caucho en el centro de la tarjeta.

3. Cortar dos trozos de papel con dibujo, uno de 7,6 x 7,6 cm y otro de 8,3 x 8,3 cm. Pegarlos juntos. Recortar en el centro de esta pieza un círculo de 5 cm Ø y decorarla con el cordel y una perla autoadhesiva.

4. Pegar la pieza encima de la mariposa estampada con gomaespuma adhesiva.

5. Estampar otra mariposa con tinta marrón y un sello de caucho sobre un resto de cartulina Kraft y recortarla. Pegar la mariposa recortada en el centro de la tarjeta, con dos capas de gomaespuma adhesiva. Doblar un poco las alas para darle relieve.

Instrucciones detalladas

Para comenzar:

Hacer una base de tarjeta de 10,8 x 10,8 cm de cartulina Kraft y estampar una mariposa con tinta marrón en el centro de la misma.

1 Pegar juntos dos trozos de papel con dibujo, uno de 7,6 x 7,6 cm y otro de 8,3 x 8,3 cm. Recortar un agujero en el centro de esta pieza de papel doble para crear la tapa de un sonajero.

2 Cortar un trozo de acetato de 7,6 x 7,6 cm y pegarlo en la parte posterior de la pieza de papel doble de la tapa del sonajero. Decorar esta pieza con el cordel y con una perla autoadhesiva.

3 Colocar gomaespuma adhesiva alrededor de los bordes de la tapa del sonajero. Rellenar la tapa con micropartículas brillantes o con purpurina.

4 Pegar la base de tarjeta a la tapa del sonajero.

Tarjeta con espiral y mariposa

Diseñada por Kimber McGray

Esta tarjeta de inspiración clásica aporta emotividad a cualquier mensaje y realmente ¡no puede ser más fácil de hacer!

Materiales

- Cartulina
- Papel con dibujo
- Cizalla para papel
- Máquina de troquelar
- Tira adhesiva con bordes festoneados
- Pegamento
- Botones
- Pegatinas
- Tijeras y cúter
- Puntos adhesivos

Instrucciones básicas

1. Hacer una base de 21,6 x 14 cm de cartulina blanca (esta tarjeta se dobla).
2. Cortar un trozo de papel amarillo con dibujo de 8,3 x 14 cm y pegarlo en el borde inferior de la tarjeta.
3. Cortar una tira de papel color crema con dibujo de 2,5 x 14 cm y pegarla en el borde superior de la tarjeta.
6. Colocar una tira adhesiva con los bordes festoneados sobre la zona donde se juntan los dos papeles.
5. Decorar la tarjeta con botones, pegatinas y una mariposa cortada con la máquina de troquelar.

Instrucciones detalladas

Para comenzar:

Hacer la tarjeta básica siguiendo todos los pasos de las Instrucciones básicas. Cortar un trozo de papel amarillo con dibujo (el mismo utilizado en la parte delantera de la tarjeta) de 21,6 x 14 cm y pegarlo en la parte interior de la tarjeta. Decorar el interior con una pegatina y botones.

1 Cortar un círculo de cartulina amarilla de 10,3 cm Ø. Recortar el círculo formando una espiral de 1,3 cm de ancho.

2 Recortar un círculo de 3,8 cm Ø en el centro de la espiral.

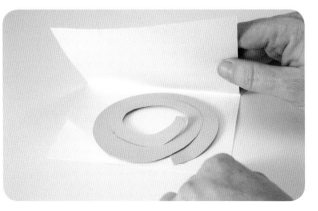

3 Pegar el extremo exterior de la espiral a la parte inferior del interior de la tarjeta (con un punto adhesivo).

4 Pegar el extremo interior de la espiral a la parte superior del interior de la tarjeta. Colocar un punto adhesivo en el centro del extremo y simplemente cerrar la tarjeta. De este modo, la espiral quedará pegada en el lugar adecuado.

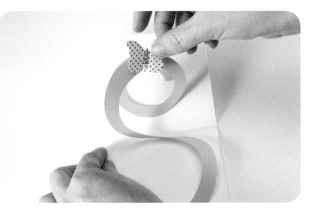

5 Decorar la espiral abierta con mariposas cortadas con la máquina de troquelar.

Tarjeta dulces trinos de pájaro

Diseñada por Sarah Hodgkinson

Una soleada felicitación con un delicado pájaro hará sonreír a cualquier amigo. Para animar un poco más la tarjeta dejad libre al pájaro, permitiéndole revolotear repartiendo alegría.

Materiales

- Cartulina Kraft
- Cartulina
- Papel con dibujo
- Papel de lija
- Plantilla de pájaro
- Cizalla para papel
- Perforadora de bordes

- Perforadora de círculos
- Pegamento
- Hilo y aguja
- Lápiz y cúter
- Piedra brillante o tachuela
- Máquina de coser

- Gomaespuma adhesiva
- Botón y cordel
- Máquina de rizar papel (optativo)

Instrucciones básicas

1. Hacer una base de tarjeta cuadrada de 15,2 x 15,2 cm de cartulina Kraft.

2. Cortar un trozo de papel con dibujo de nubes de 14 x 14 cm y pegarlo en la base de la tarjeta.

3. Cortar tiras de 2 x 14 cm de cartulina verde de cuatro tonos diferentes. Cortar a mano flecos o utilizar una máquina de rizar papel para formar la "hierba". Solapar las tiras a la tarjeta y pegarlas.

4. Coser un pespunte con hilo blanco, a 1 cm de distancia, a lo largo del borde de la base de tarjeta.

5. Con las plantillas de la página 137, trazar y recortar el pájaro y el ala de papel con dibujo. Montar el pájaro. Fijar una piedra brillante negra o una tachuela para imitar el ojo.

6. Cortar un semicírculo de cartulina naranja para imitar el pecho del pájaro. Recortar el papel para que encaje y lijar un poco los bordes.

7. Fijar el pájaro a la tarjeta con gomaespuma adhesiva.

8. Perforar un círculo y festonear los bordes de cartulina amarilla. Introducir el cordel en un botón grande amarillo y pegarlo al círculo de bordes festoneados. Pegar el círculo a la tarjeta.

Instrucciones detalladas

Para comenzar:

Hacer una base de tarjeta de 15,2 x 15,2 cm de cartulina Kraft.

1 Cortar un trozo de papel con dibujo de 14 x 14 cm y recortar un círculo de 9 cm Ø en el centro.

2 Recortar un círculo de 8,3 cm en la parte delantera de la base de la tarjeta.

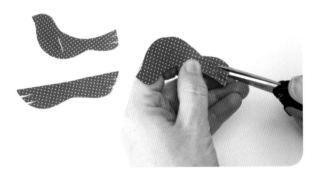

3 Con las plantillas de la página 137, dibujar dos pájaros y dos alas y recortarlos.

4 Pegar las dos piezas del pájaro, colocando entre ellas un trozo de cordel de 17,8 cm.

Por último:

Decorar la tarjeta siguiendo los pasos 3, 6 y 7 de las Instrucciones básicas y colocar una piedra brillante negra o una tachuela para simular el ojo del pájaro.

5 Introducir las alas a través de las ranuras del cuerpo del pájaro.

6 Pegar el cordel entre la base de la tarjeta y el papel con dibujo, colocando el pájaro en el centro del agujero.

Tarjeta deslizable pensando en ti

Diseñada por Rae Barthel

Sin lluvia no hay arcoíris. Esta deliciosa tarjeta es perfecta para enviar un mensaje de ánimo a un amigo especial.

Materiales

- Cartulina
- Papel con dibujo
- Cizalla para papel
- Perforadora de círculos
- Pegamento
- Cinta y botón
- Lápiz y cúter
- Plegadera

Instrucciones básicas

1. Hacer una base de 11,4 x 15,2 cm de cartulina blanca.
2. Cortar un trozo de papel azul con dibujo de 10,2 x 14 cm y pegarlo en la base de la tarjeta.
3. Rodear la parte delantera de la tarjeta con una cinta de cuadritos y hacer un lazo. Adornar el centro del lazo con un botón.
4. Recortar nubes y una tortuga en unos papeles con dibujo y pegarlas a la tarjeta.

Instrucciones detalladas

Para comenzar:
Hacer una base de 15,2 x 11,4 cm de cartulina blanca y reservar. (Esta pieza será la base deslizable).

1 Dibujar un rectángulo en la parte posterior de la tarjeta, a 3 cm del borde izquierdo, 2,5 cm del borde superior y 1,3 cm del borde derecho. Trazar una línea que pase por el centro del rectángulo. Cortar encima de los bordes superior, derecho e inferior.

2 Hacer unas marcas de doblez sobre la línea central y la línea izquierda.

3 Cortar un trozo de cartulina blanca de 15,2 x 7,6 cm. Esta será la pieza deslizable. Marcar una línea de doblez a 1,3 cm del borde derecho y plegar.

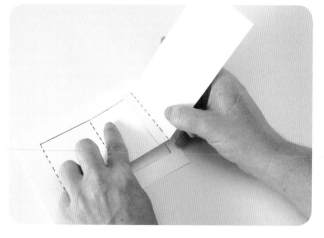

4 Pegar la solapa de 1,3 cm de la pieza deslizable dentro del extremo abierto de la base deslizable.

5 Cortar un semicírculo en el borde izquierdo de la base deslizable con una perforadora de círculos.

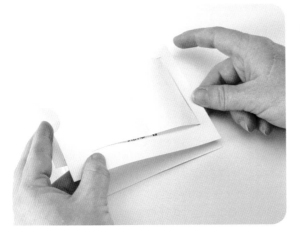

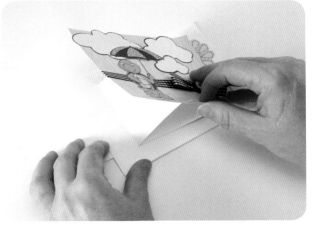

6 Doblar la pestaña deslizable de la derecha hacia la parte posterior de la tarjeta. Pegar la base deslizable a la base de la tarjeta, pero solo por los lados superior, inferior y derecho, dejando que la pestaña deslizable pase a través de la abertura del lado izquierdo.

7 Confeccionar un panel de papel con dibujo, tal como se muestra en los pasos 2, 3 y 4 de las Instrucciones básicas, y pegarlo al panel superior de la derecha.

8 Tirar de la pestaña de la pieza deslizable para dejar a la vista el panel vacío de debajo. Decorar con un arcoíris y un sol recortados.

Tarjeta con flor y abeja

Diseñada por Kim Hughes

Un vivo y colorido tulipán alegrará el día a cualquiera, pero cuidado, del interior de la flor puede salir una abeja. ¡No hay que asustarse, solo quiere desearos un buen día!

Materiales

- Cartulina
- Papel con dibujo
- Cizalla para papel
- Perforadora de bordes
- Pegamento
- Cordel
- Cinta adhesiva
- Lápiz
- Tijeras o cúter
- Sello de caucho
- Almohadilla de tinta
- Alambre
- Punto adhesivo

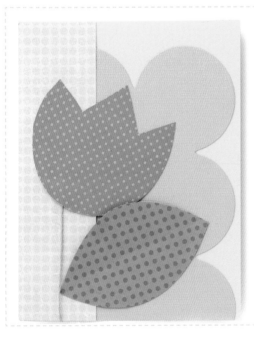

Instrucciones básicas

1. Hacer una base de tarjeta de 21,6 x 14 cm de cartulina amarilla (esta tarjeta se dobla).
2. Cortar un trozo de 10,2 x 12,7 cm de cartulina marrón claro, festonear un borde y pegar la cartulina en la tarjeta.
3. Pegar un trozo de papel azul con dibujo, de 3,8 x 14 cm, en el borde izquierdo de la tarjeta (tapando parte del trozo de cartulina marrón claro).
4. Pegar en la tarjeta un trozo de cordel de 7,6 cm, fijándolo con cinta adhesiva. Envolver la parte inferior del cordel en el interior de la tarjeta.
5. Con la plantilla de la página 138, recortar un tulipán y una hoja de papel con dibujo. Pegar los trozos en la tarjeta, tal como muestra la fotografía de la izquierda. Doblar los bordes de la hoja para darle relieve.

Instrucciones detalladas

Para comenzar:

Hacer la tarjeta tal como se indica en las Instrucciones básicas, pero sin pegar todavía la forma del tulipán a la tarjeta.

1 Estampar y recortar la figura de una abeja. Se ha utilizado tinta negra.

2 Hacer un bolsillo pegando el tulipán a la tarjeta solo por los bordes.

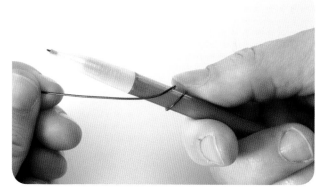

3 Enrollar un trozo de alambre de unos 15,2 cm alrededor de un lápiz, retirar este y presionar el alambre enrollado para aplastarlo.

4 Pegar la abeja al extremo del alambre y después, con un punto adhesivo, pegar el alambre a la parte interior del bolsillo en forma de tulipán.

Tarjeta sonajero con flor

Diseñada por Kimber McGray

Una original combinación de colores hace resaltar la flor de esta sencilla tarjeta.

Materiales

- Cartulina Kraft
- Cartulina
- Papel con dibujo
- Cizalla para papel
- Perforadora para redondear esquinas
- Perforadora de bordes
- Perforadora en forma de círculo y de flor
- Pegamento
- Cordel
- Gomaespuma adhesiva
- Perlas autoadhesivas
- Acetato
- Tijeras
- Cuentas pequeñas o purpurina

Instrucciones básicas

1. Hacer una base de tarjeta de 21,6 x 14 cm de cartulina Kraft (esta tarjeta se dobla).

2. Cortar un trozo de cartulina blanca de 12,7 x 9,5 cm. Redondear las esquinas con una perforadora.

3. Cortar una tira de cartulina verde de 1,3 x 12,7 cm y hacer festones en un lado con la perforadora. Cortar un trozo de papel azul con dibujo de 2,5 x 12,7 cm. Colocar la tira verde festoneada debajo del papel azul y pegarlos. Pegar esta pieza en la cartulina blanca.

4. Dar dos vueltas con el cordel a la cartulina blanca y hacer un lazo en la parte delantera de la tarjeta. Pegar la pieza de cartulina blanca en la parte delantera de la base de la tarjeta con gomaespuma adhesiva.

5. Con la perforadora (o un círculo festoneado) cortar una flor de papel naranja con dibujo y un círculo de 3,8 cm Ø de papel azul con dibujo. Colocar el círculo encima de la flor y pegarlo. Pegar la flor a la tarjeta con gomaespuma adhesiva.

Colocar algunas perlas rojas autoadhesivas en el centro de la flor.

Instrucciones detalladas

Para comenzar:
Seguir los pasos 1-4 de las Instrucciones básicas.

1 Perforar un círculo de 3,8 cm Ø de papel con dibujo con una perforadora de círculos.

2 Con otra perforadora de papel confeccionar la forma de una flor (un círculo con los bordes festoneados de 5 cm Ø) justo encima del agujero formado en el papel con dibujo que se muestra en el paso 1.

3 Pegar la flor recortada sobre un trozo de acetato y recortar los bordes con unas tijeras.

4 Colocar gomaespuma adhesiva alrededor de los bordes de la ventana de acetato. Rellenar esta pieza con cuentas pequeñas o con purpurina.

5 Perforar un círculo de 4,5 cm Ø de cartulina de un color conjuntado y pegarlo en la parte posterior de la ventana de acetato.

Por último:
Utilizar gomaespuma adhesiva para pegar el sonajero a la tarjeta.

Tarjeta con pajarera

Diseñada por Kim Hughes

Esta pequeña tarjeta es estupenda para enviarla a una amiga y decirle que piensas en ella.

Materiales

- Cartulina
- Cizalla
- Papel con dibujo
- Formas de cartón corrugado
- Perforadora en forma de estrella o de asterisco
- Perforadora de bordes
- Pegamento
- Marco y pájaro de cartón corrugado cortados con troqueladora
- Pintura
- Piedras brillantes autoadhesivas
- Cola
- Lápiz y cúter
- Alfiler
- Puntos adhesivos

Instrucciones básicas

1. Hacer una base de tarjeta de 12,7 x 12,7 cm de cartulina blanca.
2. Recortar una tira de papel rosa con dibujo de 2,5 x 12,7 cm y festonear el borde. Pegar la tira en el borde derecho de la tarjeta, sobresaliendo de la misma unos 6 mm.
3. Cortar un trozo de papel con dibujo de flores de 12,7 x 12,7 cm y pegarlo encima de la base de la tarjeta, alineándolo con el borde izquierdo de la misma. La tira de 6 mm festoneada debe quedar a la vista en el borde derecho de la tarjeta.
4. Cortar un trozo de papel rosa con dibujo de 5 x 5 cm y pegarlo en la parte de atrás de una forma de cartón corrugado cortada con la troqueladora. Pegar la ventana en la parte delantera de la tarjeta.
5. Pintar el pájaro de cartón y, cuando esté seco, pegarlo a la tarjeta.
6. Cortar con la perforadora (la de forma de asterisco está muy bien) tres flores de papel amarillo con dibujo, decorar las flores con piedras brillantes autoadhesivas y pegarlas a la tarjeta con pegamento.

Instrucciones detalladas

Para comenzar:

Realizar los pasos 1-3 de las Instrucciones básicas.

1 Colocar la ventana troquelada encima de la tarjeta.

2 Trazar una línea a lápiz alrededor del interior de la ventana. Recortar el agujero con un cúter y pegar el marco de la ventana alrededor del agujero.

3 Cortar tres flores pequeñas de cartulina amarilla. También se puede utilizar una perforadora en forma de asterisco.

4 Pegar con un punto adhesivo una de las flores recortadas a la parte superior de un alfiler.

5 Adornar la parte delantera de las flores recortadas con piedras brillantes autoadhesivas.

6 Insertar y/o pegar las flores dentro del marco troquelado. Terminar de decorar la tarjeta pegando un pájaro recortado con la máquina de troquelar.

Tarjeta con tres pliegues y flor

Los lunares y las mariposas nunca fallan cuando se trata de alegrar un día gris.

Diseñada por Kimber McGray

Instrucciones básicas

1. Hacer una base de tarjeta de 21,6 x 14 cm de cartulina color crema (esta tarjeta se dobla).

2. Cortar un trozo de 9,5 x 12,7 cm de papel de color naranja y pegarlo en la tarjeta.

3. Cortar un trozo de cartulina de color crema de 6,4 x 9 cm, festonear un extremo y pegarlo a la tarjeta.

4. Recortar algunas mariposas de papel con dibujo y pegarlas a la tarjeta con gomaespuma adhesiva.

5. Confeccionar un adorno en forma de flor plegada en acordeón, realizando los pasos 4-9 de las Instrucciones detalladas.

6. Pegar la flor plegada en acordeón a la parte delantera de la tarjeta.

Materiales

- Cartulina
- Papel con dibujo
- Cizalla para papel
- Perforadora de bordes
- Perforadora de círculos
- Pegamento

- Gomaespuma adhesiva
- Cúter
- Plegadera
- Tabla para marcar líneas de doblez
- Botón u otro adorno
- Tachuela

Instrucciones detalladas

1 Hacer una base de tarjeta cortando un trozo de cartulina de 14 x 20,3 cm. Marcar una línea de doblez a 5 cm de los dos bordes más cortos de la tarjeta.

2 Doblar las solapas hacia dentro.

3 Cortar dos trozos de papel con dibujo de 4,5 x 12,7 cm. Pegarlos a la tarjeta, alineándolos con la abertura. Cortar un trozo de cartulina de 7,6 x 5 cm, hacer festones en uno de los bordes cortos y pegarlo al lado izquierdo de la tarjeta, de modo que solape el lado derecho de esta.

4 Para confeccionar la flor plegada en acordeón, cortar una tira de papel con dibujo de 2,5 x 30,5 cm y marcarla con líneas de doblez a intervalos de 1,3 cm.

5 Plegar el papel en acordeón por las líneas de doblez marcadas.

6 Pegar juntos los extremos del acordeón.

7 Colocar la flor plegada sobre una superficie de trabajo, con la cara posterior hacia arriba.

8 Perforar un círculo de 3,8 cm Ø de cartulina y pegarlo en la parte de atrás de la flor.

9 Colocar un adorno pequeño en la parte delantera de la flor.

10 Pegar la flor a la solapa de cartulina de la parte delantera de la tarjeta.

Tarjeta de bisagra mariquita

Diseñada por Kimber McGray

Se dice que tendremos suerte si una mariquita se posa sobre nosotros. Enviad vuestra propia dosis de buena suerte con esta delicada tarjeta con una mariquita como protagonista.

Materiales

- Cartulina
- Papel con dibujo
- Cizalla para papel
- Cortadora de círculos o perforadoras
- Bolígrafo negro
- Pegamento
- Punzón para papel o chincheta
- Gomaespuma adhesiva
- Tachuela
- Plegadera

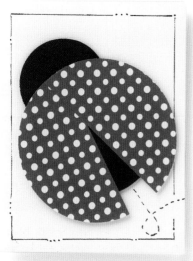

Instrucciones básicas

1. Hacer una base de tarjeta de 21,6 x 14 cm, de cartulina blanca (esta tarjeta se dobla).
2. Dibujar a mano un borde alrededor del perímetro de la tarjeta con un bolígrafo negro.
3. Cortar con la perforadora un círculo de cartulina negra de 7,6 cm Ø y pegarlo sobre otro círculo de cartulina negra de 5 cm Ø. Pegar los círculos en la parte delantera de la tarjeta para formar el cuerpo de la mariquita.
4. Cortar con la perforadora un círculo de 9 cm Ø de papel con dibujo de lunares. Cortar el círculo por la mitad y pegar las mitades encima del cuerpo negro de la mariquita, abriendo las alas y solapándolas un poco.
5. Dibujar algunas líneas de trazos sobre la cartulina para representar el vuelo de la mariquita.

Instrucciones detalladas

1 Cortar con la perforadora dos círculos de cartulina negra, uno de 7,6 cm Ø y otro de 5 cm Ø. Pegar el círculo grande encima del pequeño.

2 Cortar con la perforadora un círculo de 9 cm Ø de papel rojo con dibujos y cortarlo por la mitad para formar las alas.

3 Colocar las alas encima del círculo negro grande, de modo que los extremos se solapen ligeramente, y perforar todas las capas con una chincheta.

4 Fijar las alas al cuerpo con una tachuela roja.

5 Cortar con la perforadora otro círculo de cartulina negra de 7,6 cm Ø. Marcar una línea de doblez a 1,3 cm del borde, tal como se muestra.

6 Doblar por la línea marcada a 1,3 cm para formar una solapa. Pegar la solapa a la parte posterior de la mariquita, alineándola con el otro círculo negro de 7,6 cm Ø para formar la base de la tarjeta.

Plantillas

(Alinear este borde con la línea de doblez del papel)

Porta tarjetas-regalo nuevo hogar
(Página 94)
(Ampliar todo un 125%)

Tarjeta de felicitación con estrellas de papel de panal
(Página 96)
(Ampliar todo un 118%)

(Alinear este borde con la línea de doblez del papel)

Porta tarjetas-regalo con calcetín
(Página 46)
(Ampliar todo un 125%)

(Alinear este borde con la línea de doblez del papel)

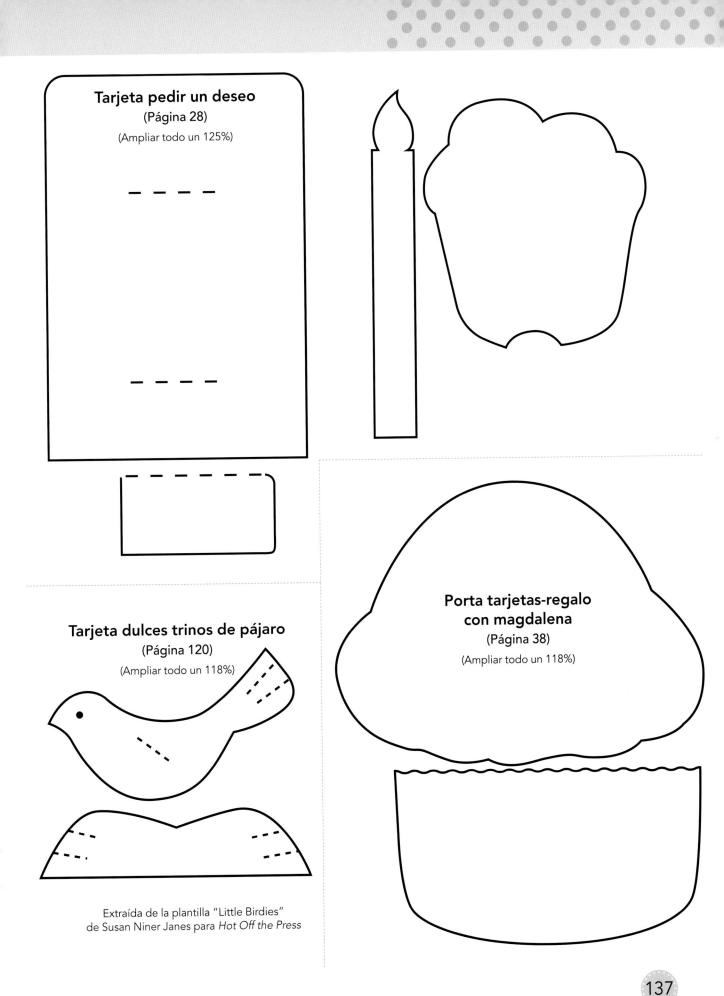

Tarjeta pedir un deseo

(Página 28)

(Ampliar todo un 125%)

Tarjeta dulces trinos de pájaro

(Página 120)

(Ampliar todo un 118%)

Extraída de la plantilla "Little Birdies"
de Susan Niner Janes para *Hot Off the Press*

**Porta tarjetas-regalo
con magdalena**

(Página 38)

(Ampliar todo un 118%)

Plantillas

Tarjeta con pollito de Pascua
(Página 68)

(Al 100%)

Plantillas cedidas por cortesía de Kim Hughes, Paper Smooches Stamps

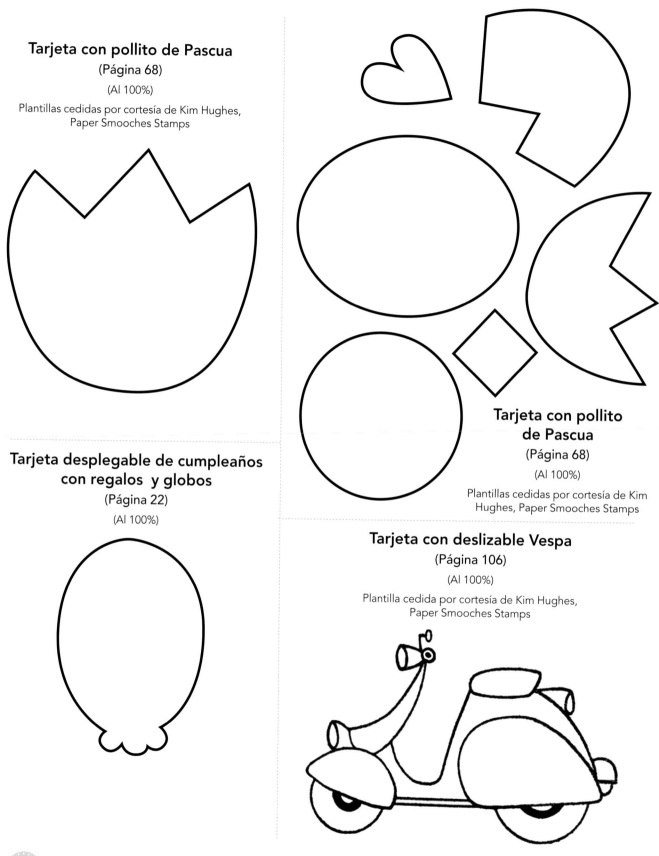

Tarjeta con pollito de Pascua
(Página 68)

(Al 100%)

Plantillas cedidas por cortesía de Kim Hughes, Paper Smooches Stamps

Tarjeta desplegable de cumpleaños con regalos y globos
(Página 22)

(Al 100%)

Tarjeta con deslizable Vespa
(Página 106)

(Al 100%)

Plantilla cedida por cortesía de Kim Hughes, Paper Smooches Stamps

Sobre las colaboradoras

Rae Barthel

Rae, de 40 años de edad, es de Chicago y en la actualidad vive en Huntsville, Alabama. Está casada con Tom y es madre de Michael, Lauren y Matthew. Es hija, hermana y diseñadora de tarjetas. Ha diseñado tarjetas durante ocho años y disfruta cada momento del día dedicado a la artesanía en papel, desde ganar el título de Paper Crafts Gallery Idol, en 2009, hasta ver su trabajo en las páginas de sus publicaciones favoritas sobre tarjetería. Rae adora su hobby y ¡está encantada de compartir su trabajo! Su blog es: simplyrae.blogspot.com

Lisa Dorsey

Lisa nació y se crió en Wisconsin y en la actualidad vive en Indiana. Tiene dos hijas y empezó a hacer scrapbooking hace más de diez años, después de unas vacaciones familiares. Muy pronto se apasionó con el tema, le dedicó cada vez más tiempo y envió sus trabajos para que fueran publicados. Desde entonces, ha tenido la suerte de ver reproducidos sus diseños, tarjetas y proyectos en muchas de las principales revistas. En la actualidad es diseñadora de la tienda on-line Emma's Paperie, Creative Charms y Sizzix. Su blog es: lisadorsey.blogspot.com

Summer Fullerton

Summer ha ganado el Creative Keepsakes Hall of Fame y un Memory Makers Master. Ha realizado trabajos de artesanía en papel durante más de trece años. Vive con su marido y dos hijos al sur de Portland, Oregon. Es coautora de *Remember This* y en la actualidad hace diseños para *Scrapbook & Cards Today* y para Jillibean Soup. Cuando no está con sus hijos o realizando trabajos en papel, le gusta cocinar, coser, hacer fotografías y jugar al golf. Su blog es: summerfullerton.typepad.com

Kelly Goree

Kelly vive en la bonita región de Kentucky con su marido y sus tres hijos. Empezó a hacer scrapbooking en 2000, justo después de que naciera su hijo mayor. Les dirá que si no está persiguiendo a sus chicos, ¡pueden encontrarla trabajando en scrapbooking! Trabaja como diseñadora en exclusiva e instructora internacional para BasicGrey. Ha realizado un Memory Makers Master y publicado trabajos más de 500 veces. Su blog es: kellygoree.blogspot.com

Sarah Hodgkinson

Sarah vive en Woodstock, Ontario, con su marido, dos hijos y un perro. Es profesora y le gusta pasar su tiempo libre ocupada con tijeras, pegamento y papel. Actualmente forma parte de varios equipos de diseño, entre ellos Core'dinations, la revista *Scrapbook & Cards Today*, *All About Scrapbooks & More* y Customs Crops. Ha publicado en varias revistas de artesanía y da clases en eventos como el ScrapFest y CreativFestival. Su blog es: thehodgeesonlyinhollywoodstock.blogspot.com

Lily Jackson

Desde una edad temprana, Lily ha disfrutado trabajando en proyectos creativos. Ya sea cerámica, dibujo o costura, siempre ha desarrollado su faceta creativa. A los once años recibió el premio Young Artist Award y dos años más tarde su trabajo fue publicado en la revista *Simply Handmade Magazine*. En 2008 descubrió el mundo del scrapbooking y la tarjetería. En su tiempo libre le encanta compartir su trabajo en YouTube. Su blog es: www.youtube.com/msscrappingal

Kim Hughes

Kim nació en Nueva York y en la actualidad vive en Arizona con su maravillosa familia de siete miembros. Siempre le ha gustado el arte, pero descubrió los trabajos de artesanía en papel hace doce años. Desde entonces es una adicta. Ha colaborado con numerosas fábricas, grandes almacenes y revistas, y en la actualidad tiene su propia tienda, Paper Smooches. Todos los sellos de Paper Smooches los ha diseñado ella. Su blog es: papersmooches.blogspot.com

Nichol Magouirk

Nichol es ganadora del Creating Keepsakes Hall of Fame y forma parte del equipo creativo de BHG Scrapbooks. Ha colaborado en distintas publicaciones sobre scrapbooking y diseño y ha formado parte de varios equipos de diseño de fábricas. Sus técnicas favoritas son el troquelado y el estampado. Vive en Kansas desde hace catorce años con su marido y sus tres hijos. Su blog es: www.nicholmagouirk.typepad.com

Índice alfabético

A

Acetato, 116, 117, 128, 129

Aderezos. *Ver* adornos

Adhesivos, 8
  puntos de pegamento, 8, 13, 66, 67, 114, 115, 118, 119, 126, 127

Adhesivos húmedos, 8

Adhesivos secos, 8

Adornos, 7
  de cartón laminado, 7
  de cartón prensado, 88, 89
  gofrados, 7
  pequeños, 13

Agujas para coser, 7

B

Barniz de relieve, 94, 95

Barthel, Rae, 139

Bisagras, 134, 135

Bolígrafos, 7

Botones, 7, 16-17, 44, 45, 64, 65, 76, 77, 84, 85, 92, 93, 118, 119, 122, 123, 132, 133
  de cartón prensado, 46, 47

C

Cartón prensado, 7, 26, 27, 80, 81, 88, 89

Cartulina de alto gramaje, 6

Cintas, 7

Cizallas, 8

Copos de nieve
  de fieltro, 48, 49

Cúter, 8, 13

D

Deslizables con monedas, 10, 78, 79, 106, 109, 122-125

Deslizables con perforadoras de papel, 10

Dorsey, Lisa, 139

E

Espirales de perlas, 52, 53

Esterillas para cortar, 13

Esterillas para cortar cristal, 13

F

Fieltro repujado, 74, 75

Flores de fieltro, 24, 25, 74, 75

Flores de papel, 76, 77

Formas troqueladas, 8, 16, 17, 32-37, 70, 71, 74, 75, 104, 105, 110, 111, 118-121, 130, 131

Fullerton, Summer, 139

G

Gofrado en caliente, 7

Gofrado en seco, 7

Gomaespuma adhesiva, 8

Goree, Kelly, 139

H

Hacer una base
  de tarjeta, 9

Herramientas para marcar líneas de doblez, 8, 9

Hilo de bordar, 13, 80, 81, 92, 93

Hodgkinson, Sarah, 139

Hughes, Kim, 139

J

Jackson, Lily, 139

M

Magouirk, Nichol, 139

Máquina de troquelar, 10, 34, 35, 74, 75, 84, 85, 98, 99, 110, 111

Máquinas de coser, 7

Marcado de doblez, 8, 9

Materiales, 6-8

Micropartículas brillantes, 116, 117, 128, 129

O

Ojos móviles, 34-37, 84, 85

P

Papeles, 6
  con dibujos, 6

Pegatinas, 18, 19, 80, 81, 118, 119
  en relieve, 82, 83

Pegamento para tela, 74, 75

Pegamentos.
  Ver adhesivos

Perforar papel, 8, 12

Perforadoras, 8, 12

Perforadoras de círculo, 12, 20, 21, 24, 25, 32, 33, 117, 120, 121, 134, 135

Perforadoras para bordes, 8

Perlas, 76, 77

Perlas autoadhesivas, 48, 49, 52, 53, 88, 91, 116, 117, 128, 129

Pespuntes, 7

Piedras brillantes, 20, 21, 38, 39, 56, 57, 84, 85, 120, 121

Piedras brillantes autoadhesivas, 74, 75, 130, 131

Piezas pequeñas, colocar, 13

Plantillas, 136-138

Plegaderas, 8, 9

Pompones, 34-37

Porta tarjetas-regalo, 32, 33, 38, 39, 46, 47, 52, 53, 88-91, 94, 95

Porta tarjetas-regalo con calcetín, 46, 47

Porta tarjetas-regalo con magdalena, 38, 39

Porta tarjetas-regalo desplegable, 32, 33

Porta tarjetas-regalo nieve de invierno, 52, 53

Porta tarjetas-regalo nuevo hogar, 94, 95

Puntadas en zigzag, 7

Puntadas falsas, 7

Puntadas rectas, 7

Puntos adhesivos, 8, 13, 66, 67, 114, 115, 118, 119, 126, 127

Purpurina, 44, 45, 116, 117, 128, 129

Purpurina con adhesivo, 28-31, 56, 57

R

Reglas, 8
Rotuladores, 7

S

Sellos, 6, 58, 59, 78, 79, 84, 85, 126, 127
Sellos transparentes, 6

T

Tarjeta árbol de Navidad con deslizable con monedas, 54, 55
Tarjeta con banderines, 18, 19
Tarjeta con delfín, 34, 37
Tarjeta con espiral y mariposa, 118, 119
Tarjeta con flor y abeja, 126, 127
Tarjeta con horquillas, 24, 25
Tarjeta con marcalibros, 76, 77
Tarjeta con molinete, 114, 115

Tarjeta con pajarera, 130, 131
Tarjeta con pájaro, 120, 121
Tarjeta con un broche de flor, 74, 75
Tarjeta de cumpleaños con nave espacial, 26, 27
Tarjeta de mariquita, 134, 135
Tarjeta desplegable con árbol de Navidad, 42, 43
Tarjeta giratoria Fiesta de las luces, 50, 51
Tarjeta pedir un deseo, 28-31
Tarjeta sonajero con flor, 128, 129
Tarjeta sonajero con muñeco de nieve, 44, 45
Tarjetas con juegos, 16, 17, 44, 45, 116, 117
Tarjetas con papel de panal, 82, 83, 96, 97
Tarjetas con piezas giratorias, 20, 21, 50, 51, 84, 85

Tarjetas con plegado en acordeón, 58, 59, 104, 105
Tarjetas con pliegues de fantasía, 80, 81, 100, 101
Tarjetas con tres pliegues, 132, 133
Tarjetas de aniversario, 98, 99, 110, 111
Tarjetas de cumpleaños, 15-39
Tarjetas de felicitación, 96, 97
Tarjetas de recordatorio, 122-125
Tarjetas deslizables, 10, 26-31, 70-73, 78, 79, 106-109, 122-125
Tarjetas desplegables, 11, 22, 23, 32-37, 42, 43, 48, 49, 56, 57, 60, 61, 92, 93, 102, 103
Tarjetas para bebés, 92, 93, 100, 101
Tarjetas para bodas, 88-91
Tarjetas para casa nueva, 94, 95, 104, 105
Tarjetas para coche nuevo, 106-109

Tarjetas para cualquier ocasión, 113-135
Tarjetas para el Día de la madre, 74-77
Tarjetas para el Día del padre, 78-81
Tarjetas para el Día de San Valentín, 64-67
Tarjetas para graduación, 102, 103
Tarjetas para Halloween, 82-85
Tarjetas para Pascua, 68-73
Tarjetas para vacaciones de invierno, 41-61
Tarjetas que saltan, 98, 99
Técnicas, 9-11
Tijeras, 8
    de corte decorativo, 74, 75
Tijeras para cinta, 8
Tinta de pigmento, 7
Tinta de teñir, 7
Tinta de tiza, 7, 38, 39
Tintas, 6-7
Todas las flechas apuntan hacia una tarjeta de amor, 64, 65

La autora

Kimber McGray ha ganado el *Creating Keepsakes Hall of Fame* de 2007 y da clases en las tiendas de scrapbook de su localidad y también como profesora invitada en otros lugares de Estados Unidos y Canadá. En la actualidad trabaja en los equipos de diseño de los fabricantes que se citan a continuación y periódicamente celebra con ellos reuniones de la CHA: Jillibean Soup, Core'dinations y Unity Stamp Company. Es coautora de *Remember This*, autora de *Scrapbook Secrets* y de *175 Fresh Card Ideas* y ha contribuido con material gráfico y artículos en otros muchos otros libros y revistas. Su blog es: kimbermcgray.blogspot.com

Dedicatoria

Dedico este libro a mi increíble marido, Bill, que me ha apoyado de una forma extraordinaria durante el delirante proceso de escribir mi cuarto libro en cuatro años. Gracias por permitirme intentar aventuras nuevas y disfrutar con este hobby.

Agradecimientos

Lo mejor del hobby de artesanía en papel es aprender cosas nuevas y experimentar ideas para ver cómo resultan. Escribir este libro y trabajar en diferentes proyectos a lo largo del pasado año fue una "excusa" para probar nuevas técnicas y crear proyectos que no había intentado antes. Crear con papel es una técnica poco arriesgada, porque si no se logra hacer el trabajo bien a la primera, solo deberemos tomar otro trozo de papel y volver a intentarlo. Mientras trabajaba en este libro descubrí tantas maneras de empujar el papel, desplegarlo y girarlo como nunca había pensado. Ahora mi cabeza está llena de cantidad de ideas nuevas que quieren cobrar vida.

En primer lugar quiero dar las gracias a mi familia por seguir animándome y por ser tan comprensivos cuando tengo plazos terriblemente cortos que cumplir. Os quiero.

A mis colaboradores, vuestra creatividad me ha ayudado a seguir adelante y a mantenerme motivada mientras escribía este libro. Vuestro entusiasmo para crear tarjetas originales y sensacionales con plazos de entrega cortos, hizo que trabajar con vosotros fuera una delicia.

Asimismo, gracias por permitirme donar todas esas maravillosas tarjetas a la Ronald McDonald House de Indiana. Las familias y niños disfrutarán de todas vuestras bonitas creaciones.

También doy las gracias a Christine Doyle por permitirme hacer otro libro con F+W Media. Su paciencia a la hora de escuchar mis cientos de ideas diferentes es impresionante. Gracias a mi editora Kristy Conlin, por creer en mí. Y por último, a mi maravillosa fotógrafa Christine Polomsky, por conseguir que las fotografías hayan resultado tan divertidas y fáciles de hacer.

Editora: Eva Domingo

Título original: *100 Fresh and Fun Handmade Cards*, de Kimber McGray.
Publicado por primera vez en inglés en 2012 en EE.UU. por North Light Books,
un sello de F+W Media Inc., 10151 Carver Road, Cincinnati, Ohio 45236, U.S.A.

© 2012 *by* Kimber McGray
© 2013 de la versión española
  by Editorial El Drac, S.L.
  Marqués de Urquijo, 34. 28008 Madrid
  Tel.: 91 559 98 32. Fax: 91 541 02 35
  E-mail: info@editorialeldrac.com
  www.editorialeldrac.com

Fotografías: Christine Polomsky y Al Parrish
Estilismo: Lauren Emmerling
Diseño de cubierta: José María Alcoceba
Traducción: Cristina Puya
Revisión técnica: Sandra Padovano

ISBN: 978-84-9874-347-0

OTROS TÍTULOS PUBLICADOS

Más información sobre estos y otros títulos en nuestra página web:

www.editorialeldrac.com